기후 변화가
불평등을 만든다고?

| 들어가는 말 |

더 나은 세상을 만들어 나갈 어린이들에게

"올여름 역대급 폭염!", "기록적인 집중 호우!"

언제부턴가 여름철 날씨 뉴스에서 이런 말이 빠지지 않고 있어요. 지금 지구는 그 어느 때보다 빠른 속도로 뜨거워지면서 세계 곳곳에서 극단적인 가뭄, 폭염, 산불 등이 자주 발생하고 있어요. 바로 기후 변화 때문이에요. 기후 변화는 자연의 질서와 균형을 무너뜨리고 지구에 사는 모든 생명체에 큰 위협이 되고 있어요. 이제 사람들은 기후 변화라는 말 대신 '기후 위기'라는 말로 바꿔 부르고 있어요.

그런데 진짜 불평등한 일이 벌어지고 있어요. 온실가스를 상대적으로 적게 배출하는 가난한 사람들이, 기후 변화가 일으키는 피해를 가장 크게 받고 있어요. 가뭄으로 농사를 포기하고 기후 난민이 되어 고향을 떠나는 아프리카 사람들이나, 해수면이 상승해 국토가 물에 잠겨 이주해야 하는 남태평양의 작은 섬나라 사람들이 그렇지요. 또 서울에서는 폭우가 쏟아져, 장애인 가족이 물에 잠긴 반지하 방에서 빠져나오지 못해 목숨을 잃는 일도 있었어요.

기후 위기가 심각해질수록 누군가는 더 큰 '불평등'으로 내몰리게 될 거예요. 그래서 기후 문제에도 '정의'가 필요해요.

지금의 망가져 가는 지구 환경은 앞으로 여러분들이 살아갈 미래예요. 심각해지는 기후 위기에 대한 해결책도, 불평등을 돌아보고 더불어 살아가는 지구촌을 만들어 갈 책임도 인간에게 있어요. 이런 상황에서 어린이들은 무얼 할 수 있을까요?

어린이들도 결정 권한을 가진 사람들에게 목소리를 높여 요구할 수 있어요. 정부에는 기후 문제에서 불평등을 바로잡아 달라고, 기업에는 탄소를 많이 배출하지 말아 달라고 말이에요.

얼마 전 레고에서 플라스틱 포장을 모두 종이 포장으로 바꾸겠다고 했어요. 어린이들이 일회용 플라스틱 포장을 없애 달라는 편지를 보냈기 때문이에요. 이렇게 한 사람, 한 사람의 목소리가 모이고 그 목소리가 계속 퍼져 나간다면 분명 우리의 미래는 달라질 거예요.

청소년 환경 운동가 그레타 툰베리는 이렇게 말했어요.

"기후 변화 문제의 정답은 다 나왔잖아요. 우리가 할 일이라곤 바꾸는 일만 남았습니다."

오은숙

| 차례 |

들어가는 말 ·········· 4
더 나은 세상을 만들어 나갈 어린이들에게

1장 | 고향을 떠나는 기후 난민들

고향을 등지는 사람들 ·········· 11
저개발 국가에 닥친 기후 위기와 불평등 ·········· 20
- 기후 위기로 난민이 되는 가난한 나라 사람들
- 지도에서 사라지는 나라들
- 불평등을 확대하는 기후 위기

수업 톡톡 | 기후 위기, 누구의 책임일까요? ·········· 22

2장 | 가난한 사람에게 더 가혹한 기후 위기

대피할 수 없는 사람들 ·········· 27
빈곤층에게 닥친 기후 위기와 불평등 ·········· 36
- 다르게 겪는 재난
- 기후 변화가 주는 가혹한 시련

수업 톡톡 | 더 무거운 책임이 있는 사람들 ·········· 38

3장 | 미래를 빼앗긴 미래 세대

학교는 또 휴교령 ·········· 43
미래 세대에게 닥친 기후 위기와 불평등 ·········· 52
- 미래 생존을 위한 장치
- 기후 변화에 위협받는 미래 세대 인권
- 미래 세대의 생존 노력

수업 톡톡 | 미래 세대의 미래를 바꿀 권리 ·········· 54

4장 | 불평등한 주거, 불평등한 기후 위기

잠 못 이루는 쪽방촌 사람들 ············ 59
주거 취약 계층에게 닥친 기후 위기와 불평등 ············ 68
- 폭염을 다르게 겪는 사람들
- 서로를 돌보는 지역 공동체
- 기후 위기와 주거 취약 계층

수업 톡톡 | 에너지 사용을 줄여 주는 주택 ············ 70

5장 | 예측할 수 없는 날씨로 생계를 위협받는 농민

기후 위기에 내몰린 농민들 ············ 75
농민에게 닥친 기후 위기와 불평등 ············ 84
- 지구 온난화가 생존의 문제가 된 사람들
- 주요 생산지까지 바꾸는 기후 위기
- 기후 변화로 큰 피해를 보는 세계의 농민들

수업 톡톡 | 도시와 농촌 간 에너지 사용의 불평등 ············ 86

6장 | 잦은 기상 이변으로 고통받는 장애인

마을을 집어삼킨 산불 ············ 91
장애인에게 닥친 기후 위기와 불평등 ············ 100
- 기후 변화로 인해 잦아지는 기상 이변
- 장애인에게 불평등한 기후 위기
- 결국은 일상의 차별 문제

수업 톡톡 | 장애 유형별로 필요한 재난 대응 방법 ············ 102

7장 | 노동자를 위한 정의로운 전환

지구도 살리고, 노동자도 살리고 ············ 107
노동자에게 닥친 기후 위기와 불평등 ············ 116
- 기후 위기는 노동자의 위기
- 기후 위기는 지역 공동체의 위기
- 기후 위기와 불평등

수업 톡톡 | 정의로운 전환을 위해 ············ 118

1장

고향을 떠나는
기후 난민들

***기후 정의**: 기후 변화로 인한 피해가 불공평하게 나타나고 있음을 알고 이를 해결하기 위해 노력하는 것.

고향을 등지는 사람들

'예로부터 비옥한 초승달 지역이라 불리던 곳', '식량을 자급자족하고 밀을 수출하던 풍요로운 나라', 하지만 아말은 학교 선생님에게 들었던 이런 말들이 하나도 믿기지 않아요. 자급자족이며 수출이 다 뭐예요! 지금 시리아에서는 밀을 구경조차 할 수 없는걸요. 아니, 마실 물조차 없어요.

오늘도 아빠는 새벽부터 밀가루를 사러 도시로 나갔어요. 벌써 며칠째 빈손인 아빠가 오늘은 꼭 밀가루를 구해 오길, 오늘은 꼭 빵 한 조각이라도 먹을 수 있길, 아말은 두 손 모아 빌고 있지요.

"엄마, 다녀올게요!"

아말은 커다란 플라스틱 통을 들고 나갈 채비를 했어요. 물 길으러 가야 하거든요. 전에는 마을 가까운 곳에 우물이 있었는데 가뭄으로 다 말라 버렸어요. 3시간을 꼬박 걸어가서 물을 길어 와야 해요. 그곳 우물에는 아말처럼 다른 마을에서 온 사람들까지 몰려드는 바람에 엄청나게 긴 줄이 생겨요. 이렇게 하루 대부분을 물 긷는 데 쓰느라 마을의 여자아이들은 학교도 갈 수 없게 되었지요.

아말은 하늘을 쳐다보았어요. 쨍쨍한 해가 뜨거운 열기를 내뿜고 있어요. 어쩌면 이렇게 비 한 방울 내리지 않는 건지! 얼마 가지도 않았는데 숨이 턱턱 막히고 옷이 땀으로 흠뻑 젖었어요.

그때였어요. 누군가 아말을 불렀어요. 돌아보니 레베카 아주머니였어요. 갓난아이를 업은 아주머니는 커다란 보따리를 들고 길을 떠나고 있었어요.

"레베카 아주머니, 결국 아주머니도 떠나시는 거예요?"
아말은 서운한 마음에 얼른 아주머니 곁으로 다가갔어요.
"어디로 가세요? 무함마드네처럼 배를 타고 유럽으로 가시려는 거예요?"
"그래. 유럽 사람들이 우리를 받아들이지 않으려고 시위를 한다던데, 그래도 어떡하겠니? 여긴 물도 없고 먹을 것도 없는데… 더 이상 버텨 봐야 굶어 죽기밖에 더하겠니?"
레베카 아주머니의 한숨에 아말은 궁금했어요.
"그런데 유럽 나라에 가면 정말 물도 풍족하고 먹을 것도 있는 거예요? 거기는 가뭄이 없는 거예요?"

"왜 가뭄이 없겠니. 하지만 잘사는 나라에서는 가뭄이 들어도 버틸 수 있는 힘이 있단다. 수도가 있어서 물도 끊어지지 않고, 나라가 부유하니 비싼 가격이라도 식량을 사 놓았을 거야. 또 도시에 일자리도 많으니 농사로 먹고사는 우리나라처럼 타격이 심한 건 아니란다. 이렇게 가뭄에 굶어 죽는 건 우리 같은 가난한 나라 사람들이지."

말을 마친 레베카 아주머니가 아말을 찬찬히 쳐다보며 말했어요.

"어휴, 이렇게 야윈 널 보니 마음이 너무 안 좋구나. 아말, 부디 잘 지내야 한다."

레베카 아주머니는 칭얼대는 갓난아이를 토닥이며 길을 떠났어요. 아말은 레베카 아주머니가 보이지 않을 때까지 한참이나 손을 흔들었어요. 그리고 우물을 향해 뜨거운 길을 걷고 걷고 또 걸어갔지요.

무거운 물을 들고 집까지 오느라 팔이 떨어질 것 같았어요. 비록 깨끗하지도 않고 생활하기엔 턱없이 적은 물이지만, 아말 가족에게는 너무도 소중한 물이에요.

저녁 무렵 아빠가 돌아왔어요. 하지만 이번에도 아빠의 손엔 아무것도 들려 있지 않았어요.

"미안하구나. 오늘 간 곳도 밀가루 가격이 말도 못하게 올라서 가지고 간 돈으로는 어림없었어."

밀가루를 구하지 못했다는 말에, 아말은 눈물이 나올 것 같았어요.

"왜 그렇게 밀가루값이 오른 거예요?"

"러시아도 우리처럼 심한 가뭄이 들었다는구나. 밀을 충분히 수확하지 못했으니 당분간 식량 비축을 위해 수출을 막는다는 거야. 그러니 세계 곳곳에서 곡물 가격이 천정부지로 올랐지. 이런 가격이라면 잘사는 나라 사람들이야 상관없겠지만 우리 같은 사람들은 절대 살 수가 없어."

아빠의 말에 엄마가 힘없이 말했어요.

"지금도 가진 돈 대부분을 식량 사는 데 쓰고 있는데…. 이렇게 가격이 오르면 앞으로 어떻게 살아가야 할지 모르겠어요."

아빠도 연거푸 한숨을 내쉬었어요.

"이렇게 극심한 가뭄은 처음인 것 같소."

"맞아요. 어릴 땐 가뭄이 뭔지 몰랐어요. 적당한 때 비가 내리고 계절이 가는 게 느껴졌죠. 넉넉하진 않았지만 굶지는 않았어요. 하지만 요즘엔 아무것도 먹지 못한 채 이틀, 사흘을 버티다 겨우 빵 한 조각 먹을 뿐이니…."

엄마가 중얼거리듯 말했어요.

"언제쯤 우리 아말을 배부르게 먹일 수 있을까요? 우리 아말도 그렇고, 마을 어디서나 영양실조로 비쩍 마른 아이들을 보는 게 너무 가슴이 아파요."

엄마 눈가가 붉어졌어요.

아말이 주먹을 쥐고 말했어요.

"하늘이 원망스러워요. 신이 진노한 거라고요."

엄마가 아말의 머리를 쓰다듬었어요.

"신이 진노한 게 아니란다. 심한 가뭄이 들어 그런 거야. 가뭄으로 농사를 지을 수 없으니 식량이 부족해졌고 그러니 이렇게 식량값이 폭등한 거지."

"그러니까요! 왜 이렇게 가뭄이 계속되는 건데요? 왜 3년 동안 비가 한 방울도 오지 않는 거냐고요!"

엄마 아빠의 잘못이 아니라는 것을 누구보다 잘 알지만, 아말은 괜히

화가 났어요.

"아빠도 잘은 모르지만 이게 신의 잘못은 아닌 거 같구나. 사람들이 공장도 많이 돌리고 점점 기후가 이상해지는 걸 알면서도 멈추지 않아서 그런 것 같아."

"공장이요? 우리나라에는 공장도 많지 않잖아요!"

아빠는 아무 말도 하지 못한 채 그저 아말의 손을 잡아 주었어요.

"아빠, 우리도 어서 떠나요. 오늘 레베카 아주머니도 떠났어요. 잘사는 나라들은 가뭄이 와도 이렇게 굶주리지 않는대요."

사실 이미 마을 사람들 대부분은 식량을 찾아, 또 안전하게 머물 곳을 찾아 떠났어요. 남아 있는 집은 아말네와 몇 집밖에 없어요.

"여보, 우리가 가진 돈으로는 식량을 살 수도 없고, 비 오지 않는 땅에 더 이상 농사를 지을 수도 없고, 이제 남은 건 정말 도시로든 다른 나라로든 떠나는 것뿐이에요."

아빠가 말했어요. 하지만 엄마는 고개를 푹 숙였어요.

"낯선 곳에서 어떻게 살아가야 할지 모르겠어요."

"그러게 말이오. 얼마 전 리나네 소식을 들었는데, 도시에 가서도 정착할 수 없었다고 합디다. 한꺼번에 많은 사람이 모여들다 보니 일자리는커녕 날이 갈수록 분쟁이 생겨 이곳저곳을 떠돌다 결국 유럽으로 건너갔다지 뭐요."

"유럽에서도 더 이상 나라를 떠나온 사람들을 받아 줄 수 없다고 했다는데, 어느 나라에서 우리를 받아 줄까요?"

엄마가 아말의 야윈 볼을 만지며 말했어요. 아말은 갓난아이와 함께 떠난 레베가 아주머니가 생각났어요. 아주머니가 유럽에 잘 도착해야 할 텐데….

아빠는 엄마의 손을 잡으며 말했어요.

"그래도 여기 있다간 굶어 죽을 수밖에 없어요. 어떡해서든 우리도 떠날 곳을 찾아봐요."

엄마는 아말을 안으며 말했어요.

"아말, 우리를 받아 줄 나라가 있기를 기도하자."

아말은 눈을 꼭 감고 신께 기도를 드렸어요.

'자비를 베풀어 주세요. 가난한 우리에게요. 그리고 가난한 우리나라 시리아에게도요.'

저개발 국가에 닥친 기후 위기와 불평등

• 유럽으로 향하는 시리아 난민들

기후 위기로 난민이 되는 가난한 나라 사람들

시리아는 오래전 인류가 최초로 농경과 목축을 시작한 비옥한 지역에 위치하고 있어요. 1990년대까지만 해도 농사지은 곡식으로 충분히 먹고살 수 있었던 시리아에 심한 가뭄이 닥쳤어요. 2006년부터 3년간 거의 비가 내리지 않았지요. 심각한 가뭄으로 나라의 절반이 넘는 땅이 사막으로 변하고 말았어요.

결국 시리아 농민들은 농사를 포기하고 살길을 찾아 도시로 몰려들었어요. 사람들이 한곳에 모여들자 거주지나 치안, 위생 등의 생활 환경은 더 나빠졌어요. 다양한 갈등과 불만이 생기고 불안정한 정세까지 겹쳐 분쟁과 내전으로 치닫게 되었죠. 삶의 터전을 잃은 수백만 명의 시리아인들은 난민이 되어 유럽을 향해 떠났어요. 가뭄이라는 기후 변화로 많은 사람이 난민이 된 것이에요.

지도에서 사라지는 나라들

'난민' 하면 예전에는 주로 정치적, 종교적 분쟁과 박해를 피해 고향을 떠나는 사람들을 생각했어요. 하지만 지금은 '기후 난민'이 익숙한 단어가 되었어요. '기후 난민'이란 해수면 상승, 가뭄, 홍수 등의 기후 변화로 삶의 터전을 잃고 어쩔 수 없이 거주지를 옮겨야 하는 사람들을 말해요.

인도네시아는 홍수와 해수면 상승으로 큰 피해를 겪고 있어요. 2050년경이면 수도 자카

• 물에 잠긴 마을과 논밭

르타는 대부분이 바닷속에 가라앉을 것이라고 해요. 결국 정부는 수도를 보르네오섬으로 옮기기로 했어요.

투발루, 키리바시 등 태평양의 작은 섬나라들도 국토가 물에 잠기는 고통을 겪고 있어요. 키리바시는 전 국토의 평균 해발 고도가 불과 2미터예요. 지구 온난화로 해수면이 상승하자 국토가 차츰 물에 잠기고 말았어요. 또 짠 바닷물이 육지로 넘어와 지하수와 섞이면서 경작지를 망가뜨리는 바람에 농사짓기도 어려워졌지요. 결국 정부는 피지의 한 섬으로 이주를 준비하고 있어요.

기후 변화로 눈에 보이는 확실한 피해를 받고 있지만 기후 난민은 난민으로 인정받지 못해요. 유엔 협약에 기후 난민이란 개념이 존재하지 않기 때문이에요. 이러한 규정에도 불구하고 키리바시 사람들을 기후 난민으로 인정해야 한다는 유엔의 발표가 있었어요.

기후 변화를 일으킨 책임은 일찍이 산업화를 이루었던 여러 선진국에 있지만, 그 피해는 고스란히 아프리카와 태평양 등에 있는 저개발 국가들이 입고 있어요.

불평등을 확대하는 기후 위기

가난한 나라들은 소규모 농업과 목축업으로 생계를 이어 가는 사람들이 대다수예요. 가난한 나라일수록 관개 시설 없이 강수량에 의존하는 농업을 하고, 방목 형태로 가축을 키우고 있어 기후 변화로 인한 영향을 직접 받게 되지요. 이들 나라에 가뭄, 태풍 등의 기상 이변은 식량 생산량 감소로 이어져 큰 타격을 입을 수밖에 없어요.

반대로 선진국은 그동안 이룬 경제 성장으로 똑같이 재해를 겪더라도 피해를 다룰 만한 경제적 여력이 있어요. 하지만 저개발 국가들은 기후 위기에 맞서 대응하거나, 피해를 복구할 힘이 부족해요. 더구나 잦은 재해는 이들 국가의 경제 성장 가능성을 차단하고 말아요. 결국 기후 변화로 큰 피해를 받게 된 저개발 국가들은 더욱 빈곤해지는 악순환에 빠지는 것이죠. 기후 위기는 세계적으로 나타나는 불평등을 더 악화시키고 있는 셈이에요.

기후 위기, 누구의 책임일까요?

선생님, 기후 변화를 일으킨 책임이 선진국에 있다는데, 가장 많은 탄소를 배출하는 나라는 어디인가요?

2022년 조사에 의하면 중국이 탄소 배출 1위예요. 그다음은 미국과 인도고요. 중국과 인도의 탄소 배출량이 많은 것은 세계 큰 기업들이 인건비가 싼 중국과 인도로 공장을 옮겼기 때문이에요. 그런데 이산화 탄소는 대기 중으로 배출되면 100년 이상 머물기 때문에 오래전부터 배출한 총량을 따져 봐야 해요.

그렇게 하면 미국과 유럽의 책임이 더 크지 않을까요?

맞아요. 미국과 유럽이 전 세계 온실가스의 상당 부분을 배출해 온 게 사실이에요.

일찍부터 탄소를 배출하며 산업을 발전시켜 온 나라들이 온실가스 배출의 큰 책임이 있는 거네요.

 반면 해수면이 상승해 국토를 잃어버릴 위험에 처한 태평양의 섬나라들이나 식량 위기로 힘겨워하는 아프리카 나라들은 온실가스 배출 책임이 매우 적어요. 더구나 아프리카 지역에는 전기 없이 살아가는 사람들도 많이 있고요.

 이건 불공평해 보여요. 선진국들은 그동안 경제를 성장시키려고 화석 연료를 많이 사용해 왔잖아요. 덕분에 부자가 되었고요. 그래서 기후 위기를 잘 대비하고, 잘 극복하기도 하고요.

 선생님, 그러면 어떻게 해야 불평등을 해결할 수 있을까요?

 지구 온난화에 더 큰 책임이 있는 선진국들이 온실가스 배출량을 줄이기 위해 앞장서야 해요. 또 저개발 국가들이 기후 문제에 대처할 수 있도록 지원도 하고요.

 탄소를 덜 배출하면서 발전할 수 있도록 저개발 국가들에게 친환경 기술도 지원해 주면 좋겠어요.

 아, 이렇게 하면 그동안 이산화 탄소를 배출하며 경제 성장을 이룬 선진국이 저개발 국가에 진 '빚'을 갚는 방법이 될 수 있을 것 같네요.

2장

가난한 사람에게 더 가혹한 기후 위기

대피할 수 없는 사람들

뜨거운 해가 내리쬐는 8월이었어요. 미국 루이지애나 주 뉴올리언스에 사는 케인은 아빠와 중고차 시장에 갔다 오는 길이에요. 오랫동안 실직 상태에 있던 아빠가 직장을 구해 꼭 차가 필요했는데 차는 아빠가 가진 돈보다 훨씬 비쌌어요. 차를 사지 못한 아빠의 어깨가 축 처졌어요. 케인은 그런 아빠에게 힘을 주고 싶었어요.

"아빠, 내가 나중에 유명한 축구 선수가 되면 진짜 멋진 차 사 드릴게요!"

아빠는 케인의 머리를 쓰다듬으며 말했어요.

"아빠 위로하는 걸 보니 우리 케인 다 컸네! 처음부터 차를 사기엔 돈이 턱없이 부족했어. 혹시나 해서 가 본 거지. 그래도 직장을 구했으니 우리 형편도 점점 나아질 거다."

그때였어요. 마을 가까이 오자 옆집 마이클 아저씨가 공터에서 공차기를 하던 아이들에게 얼른 집으로 들어가라고 소리치고 있었어요. 무슨 일인가 싶어 아빠가 물었어요.

"마이클, 무슨 일이야? 왜 그래?"

그러자 마이클 아저씨가 손짓하며 소리쳤어요.

"허리케인이 몰려온대! 얼른 집으로 들어가라고!"

그러고는 휠체어를 밀고 아저씨는 얼른 집으로 들어갔어요.

황급히 집에 들어와 텔레비전을 켰더니 시속 100마일(약 160킬로미터) 허리케인이 강타할 거라며, 얼른 다른 도시로 대피하라는 뉴스가 계속 나오고 있었어요.

"오! 시속 100마일이면 나무와 지붕과 전봇대를 쓰러뜨릴 수 있는 바람이야."

아빠가 중얼거렸어요. 텔레비전 속보에는 내륙으로 이동하는 승용차 행렬이 보였어요. 비행기 운항이 취소되었다는 둥, 내륙 지역의 호텔은 벌써 예약이 다 찼다는 둥 긴박한 뉴스들이 쏟아지고 있었어요.

"아빠 어떡하죠?"

하지만 케인의 집엔 자동차가 없어요. 아니, 피난을 간다 해도 호텔에 묵을 비용도 없을 테고요.

뉴올리언스는 항구 도시예요. 케인네 마을은 뉴올리언스에서도 해안가에 있어요. 정부 보조금으로 해안가에 지은 집들이죠. 이 주택에 사는 사람들은 다 형편이 좋지 못해요. 많은 사람이 다달이 지급되는 생계 보조금에 의존해 살고 있거든요. 해마다 침수를 당하면서도 낡은 집을 떠나지 못하고 있지요.

"무시무시한 허리케인이 온다고 대피하라면서 대피할 아무것도 마련해 주지 않으니…. 우리같이 자동차도 없고 갈 곳도 없는 사람이 어떻게 대피를 할 수 있겠나. 이렇게 비만 오면 해안 저지대에 사는 우리는 늘 가슴을 졸이는 수밖에. 자네도 조심하게."

마이클 아저씨와 통화하는 아빠의 목소리가 떨렸어요. 통화를 마치고 아빠는 케인을 꼭 끌어안고 말했어요.

"케인, 이제까지 여러 번 침수를 당하고도 우리 끄떡없었잖니! 이 밤을 잘 넘겨 보자."

케인은 아빠 품에 안겨 그대로 잠이 들었어요.

다음 날 새벽이었어요. 덜커덕덜커덕 창문이 부서질 듯한 소리에 케인은 눈을 떴어요. 마치 집이 날아갈 것 같은 세찬 바람 소리도 났고요. 아빠도 일어나 창문 쪽으로 갔어요. 아빠의 눈이 점점 커지더니 다급히 소리를 질렀어요.

"케인, 다락으로 올라가! 어서! 물이 저 앞 버스 정류장 표지판까지 차올랐어!"

아빠는 케인의 손을 끌고 얼른 다락으로 올라갔어요. 세차게 몰아치는 강한 바람에, 금방이라도 집이 부서질 것 같았어요.

곧이어 케인네 집에도 물이 덮쳤어요. 무언가 부서지는 큰 소리가 났어요. 지붕 한쪽이 날아가 버린 거예요.

"아, 아빠! 무서워요!"

다락에도 점점 물이 차올랐어요. 발을 아래로 뻗으면 물이 닿았어요. 케인과 아빠 앞으로 짐들이 둥둥 떠다녔어요.

아빠는 케인을 업고 떨어져 나간 지붕 위로 올라갔어요.

다시 파도가 들이쳤고 세찬 강풍에 이웃집들의 지붕도 날아갔어요. 으르렁거리는 바람 소리에 케인은 정신을 차릴 수 없었어요. 겨우 몸을 지탱하고 있는 이 지붕도 언제 날아갈지 모를 일이었어요. 계속 물은 덮치고 강풍 소리가 세차게 귀를 때렸어요.

겁에 질린 케인은 아빠에게 꼭 매달려 어서 허리케인이 그치길 기다렸어요. 그 이후로 꼬박 다섯 시간 동안 바람이 불고 파도가 들이닥치다 멈추었어요.

아빠와 케인은 기진맥진해져 주변을 둘러보았어요. 이곳저곳에서 온갖 것들이 물에 떠밀려 오고 있었어요. 자잘한 가재도구들, 커다란 매트리스, 텔레비전, 심지어 죽은 가축까지…. 케인은 너무 끔찍한 광

경에 몸이 떨려 왔어요.

그런데 그때, 휠체어 하나가 물에 떠내려왔어요. 마이클 아저씨의 휠체어가 분명했어요.

혹시 마이클 아저씨에게 무슨 일이 생기기라도 한 건 아닌지 아찔한 생각이 스쳤어요.

"마… 마이클!"

케인과 같은 생각을 했는지 아빠도 주인 없는 휠체어를 보며 울부짖었어요.

아빠와 케인도 안전하지 않았어요. 이대로 가다간 점점 차오르는 물속에 잠길 것 같았어요. 케인과 아빠는 지붕 한쪽을 붙잡고 구조되길 기다렸어요.

그런데 깜깜한 밤이 두 번이나 지나도록 구조하러 오는 사람은 없었어요. 분명 정부에서 구조하고 있을 텐데 어찌 된 일인지…

그사이 물이 점점 차올라 더 높은 지붕으로 옮겨 갔어요. 케인과 아빠는 갈증과 배고픔으로 점점 지쳐 갔어요. 그래도 아빠는 희망을 버리지 않고 무슨 소리만 들리면 목이 터져라 소리를 질렀어요.

"여기 사람이 있어요! 우리 살아 있어요!"

사흘째 되던 날, 저쪽에서 모터 소리가 났어요. 멀리 보트 한 대가 지나가고 있었어요.

아빠가 소리쳤어요.

"여기요! 여기 사람 있어요!"

보트가 다가왔어요. 보트에는 어떤 아저씨가 타고 있었어요.

"아니, 뻥 뚫린 지붕 위에서 사흘이나 어떻게 버티셨어요? 어서 보트에 타세요!"

보트를 가지고 와 준 아저씨는 뉴올리언스 근처 도시에 살고 있대요. 해안 저지대 피해가 가장 큰데도 구조 작업이 늦어지는 걸 가만 두고 볼 수가 없어, 개인 보트를 이용해 직접 구조에 나선 거예요.

케인과 아빠를 대피소로 데려다준 아저씨는 또 물에 잠긴 곳으로 가 보겠다며 보트를 타고 떠났어요.

대피소는 커다란 원형 경기장이었어요. 커다란 경기장에는 한순간에 가족과 집을 잃은 슬픈 얼굴들이 가득했어요.

그런데 아무리 기다려도 대피소에 구호품이 오지 않았어요. 하수가 새어 나오고 있어서 악취도 심했어요. 사람은 많은데 전기도 충분치 않아 어수선했지요. 그렇게 대피소에서 사흘이 흘렀어요.

한 아저씨가 소리쳤어요.

"왜 정부는 아직껏 아무런 조치를 하지 않는 거죠? 부유한 사람들이 피해를 보았다고 해도 이렇게 내버려뒀을까요?"

"대피 명령이 있었지만 대피할 수가 없었어요. 우리에게는 자동차도 없고, 기름을 살 돈도, 갈 곳도 없다고요."

"정부는 대피할 교통편도 주지 않았고, 지금은 물과 음식 같은 기본적인 구호품조차 주지 않아요. 주위를 보세요. 다 가난한 흑인들만 있어요. 가난하다고 우릴 버린 건가요?"

"부자들은 새로운 곳으로 이주하거나 새로 집을 지을 돈이 있겠지만, 우리는 보험에도 가입 못 했어요. 우린 새로 시작할 돈이 없다고요."

케인은 아빠의 목을 끌어안으며 물었어요.

"아빠, 우리는 이제 어떻게 돼요? 언제 돌아갈 수 있을까요?"

"글쎄. 집이 부서졌으니 살던 집으로 갈 수는 없을 거야. 어떻게 해야 할지 아빠도 모르겠다."

모든 것이 엉망이 되어 버린 현실 앞에서 케인과 아빠는 몸을 웅크린 채 눈물만 흘렸어요.

빈곤층에게 닥친 기후 위기와 불평등

• 허리케인으로 집이 무너진 뉴올리언스

다르게 겪는 재난

2005년, 허리케인 카트리나가 미국 루이지애나주 뉴올리언스를 덮쳤어요. 제방이 무너지면서 도시의 80%가 침수됐고, 2천 명이 넘게 사망했어요. 110만 명 넘는 이재민이 발생했지요.

해수면보다 낮은 지형인 뉴올리언스는 허리케인이 자주 발생하는 지리적 위치 때문에 그동안 여러 번 재해를 겪었어요.

허리케인의 피해는 주로 바닷가 근처 저지대에 살던 흑인에게 집중됐어요. 빈곤층이 대부분인 흑인들은 집값이 싼 저지대 침수 지역에 모여 살았기 때문이에요. 가난한 흑인들은 위험한 줄 알았지만, 침수를 당하면서도 그곳에 살 수밖에 없었지요. 반면 고지대에 거주하던 부유한 백인들은 대부분 피해를 입지 않았어요. 게다가 대피 명령이 떨어지자 부유한 사람들은 자동차를 타고 탈출했지만, 자동차가 없거나 호텔비를 마련하기 어려운 사람들은 낡은 주택에 남을 수밖에 없었어요.

하지만 정부는 부유층이 사는 지역으로 먼저 달려가 복구를 시작했어요. 흑인들이 있던 대피소에는 구호 물품과 약품이 며칠이 지나서야 전달되었고요. 복구 과정에서도 저소득층은 뒷전으로 밀려난 거예요. 보험을 들지 못했던 가난한 사람들은 피해 보상도 제대로 받지 못했어요. 사고 후 조사를 했더니, 뉴올리언스에서 자동차가 없는 사람 중 3분의 2 이상이 흑인이었고, 침수 지역 주민 중 80%가 유색 인종이었어요.

기후 변화는 모두에게 오지만 그 재난의 크기는 평등하지 않아요. 똑같은 재난이 닥쳐와도 경제력에 따라 대처할 수 있는 능력이 달랐던 거예요. 그동안 지속된 인종 차별과 경제 불평등의 결과였지요. 기후 위기가 심각해질수록 이러한 불평등은 더욱 커질 거예요.

기후 변화가 주는 가혹한 시련

• 가뭄으로 마른 땅에 식물을 심고 물을 주는 어린이

기후 변화는 모든 사람에게 영향을 미치지만, 기후 변화로 직접적인 고통을 당하거나 영향을 더 많이 받는 사람은 경제적으로 어려운 사람들이에요.

아시아나 아프리카 지역에 사는 사람들은 대부분 소규모 농업으로 생계를 이어 나가고 있어요. 그런데 기후 변화로 가뭄이 들면, 그 지역 농민들은 기후 변화에 대한 적응 기술이 부족한 경우가 많아 농사를 망치게 되어요. 그러면 자연히 농산물 가격은 오르게 되죠. 게다가 정부가 식량 공급마저 제대로 하지 못하면, 부유한 사람들에게는 타격이 심하지 않지만 가난한 사람들은 식량난을 겪게 되고 한순간에 빈민이 되고 말아요.

폭염에도 가난한 사람이 그렇지 않은 사람보다 사망 위험이 크다는 연구가 있어요. 가난한 사람들이 사는 지역은 아스팔트와 콘크리트는 많지만, 나무가 부족해요. 나무는 그늘을 만들고 태양열을 흡수하면서 주위의 온도를 낮추어 주어요. 결국 식물이 적은 지역에 사는 가난한 사람들이 폭염에 더 큰 고통을 받는 거예요.

정부도 위기 상황에서 기존의 불평등을 바꾸지 않고 차별적인 지원을 하기도 해요. 2011년, 방콕에 홍수가 났을 때, 정부는 보험을 통해 많은 대비책을 만들어 두었던 방콕 시내의 부유한 지역에는 많은 보상금을 주고 복구 지원을 했어요. 반면 피해가 컸던 낮은 지대에 사는 저소득층 주민은 복구 작업에서 뒤로 밀려나고 보상금도 매우 적었지요.

더 무거운 책임이 있는 사람들

지난 25년 동안, 전 세계 소득 수준 1% 부유층이 하위 50% 사람들보다 2배나 많은 탄소를 배출했다는 연구가 있어요.

헉, 엄청나네요.

부자들이 가장 많이 탄소를 배출하는 분야는 교통수단이에요. 더 큰 차를 몰고 더 자주 비행기를 타거든요. 또 최근에는 개인 우주 관광까지 시작되었어요.

결국 부유한 소수의 과잉 소비가 기후 위기를 불러오고, 그 대가는 가난하고 약한 사람들이 치르고 있네요.

이러한 불평등을 해결하지 않고선 기후 문제도 정의롭게 해결할 수 없어요. 2018년 프랑스에서 온실가스를 줄이는 목표로 기름값을 인상했어요. 그러자 노란 조끼를 입은 사람들이 강하게 반대 시위를 했어요.

 환경을 위한 정책인데 왜 반대를 했을까요?

 이들은 파리의 높은 집값 때문에 교외에서 출퇴근하거나, 자동차를 생계 수단으로 이용하는 화물차 운전자들이었어요. 부유층이 아니었죠. 정부가 부유한 사람들에게는 세금을 깎아 주면서, 서민들에게는 생계 수단이나 다름없는 화물차의 기름값을 올려 버리자, 이들은 불평등한 조치라고 목소리를 높인 거예요.

 빈곤 문제와 불평등을 해결하지 않고 기후 변화에 대한 희생만 강요한다면 누구라도 그 정책을 지지하지 않을 거예요.

 맞아요. 기후 변화의 책임은 역사적으로 온실가스를 많이 배출해 왔던 부유한 국가, 막대한 양의 탄소를 배출하는 화석 연료 기업, 탄소 배출량이 많은 생활 양식을 가진 부유한 사람들에게 있잖아요.

 네, 그러면 어떻게 하면 될까요?

 부유층들이 기후 위기에 미치는 자신들의 책임을 알고 탄소 배출량을 줄이도록 해야죠. 또 불평등을 해결하도록 노력해야 해요.

 맞아요. 기후 위기 속에 혼자만 잘살 수는 없어요. 결국엔 다 함께 큰 위험에 빠지게 되니까요.

3장

미래를 빼앗긴 미래 세대

학교는 또 휴교령

"조용, 조용! 급하게 전할 말이 있어요."

쉬는 시간인데 급한 발걸음으로 선생님이 교실에 들어오셨어요. 샤르마는 눈을 동그랗게 뜨고 선생님을 바라보았어요.

"뉴델리에 봉쇄령이 내려졌어요. 다들 알다시피 지금 뉴델리는 숨쉬기조차 어려울 정도로 대기 오염이 심해요. 내일부터 모든 초·중·고·대학교는 대면 수업을 할 수 없게 되었어요."

또 비대면 수업이라니! 샤르마는 시무룩해졌어요. 학교에 나와서 친구들 얼굴을 본 지 얼마 안 되었는데 또 휴교를 한다는 거예요.

하지만 그럴 만도 해요. 인도의 수도 뉴델리는 앞도 제대로 보이지 않을 정도로 스모그가 짙게 피었어요. 사실 어제도 학교 끝나고 집으로 가자, 기침도 나오고 눈도 따갑고 어지럽기까지 했거든요.

　샤르마는 자신도 모르게 짜증이 난 말투로 말했어요.

"선생님, 언제까지 이래야 해요?"

　선생님도 한숨을 쉬었어요.

"그래, 너희들의 공부할 권리, 자유롭게 뛰어놀 권리를 우리 어른들이 빼앗는구나! 왜 인도의 하늘이 이런 건지, 우리는 무얼 해야 할지 내일 수업 때까지 생각해 보면 어떻겠니?"

　재미난 학교생활을 하지 못하고, 선생님과 친구들을 컴퓨터 화면 속에서만 만나야 하다니…. 샤르마는 누가 인도의 하늘을 이렇게 뿌옇게 만들고 있는지 답답했어요.

　샤르마는 마스크를 단단히 쓰고 집으로 가기 위해 자전거를 타고 도

로에 들어섰어요. 그런데 갑자기 '빵빵!' 하는 소리에 그만 넘어질 뻔했어요. 트럭과 자동차가 휙 하고 지나갔어요.

"켁켁."

자동차가 내뿜고 간 엄청난 배기가스 때문에, 샤르마는 기침을 하느라 한참을 자전거 위에서 휘청댔어요.

집에 돌아오자 뭔가 분위기가 이상했어요. 엄마가 운 것 같은 얼굴로 나왔어요.

"엄마, 아누는요? 병원에서 뭐래요?"

동생 아누가 심하게 기침을 하더니 호흡이 가빠져 병원에 갔거든요. 엄마는 고개를 저으며 슬픈 표정으로 말했어요.

"아누는 병원에 계속 있어야 할 거야. 폐에 심한 병이 생겨서…."

엄마는 말을 잇지 못했어요.

6살짜리가 폐에 병이 생기다니…. 아누는 밖에 나가서 논 잘못밖엔 없는걸요!

그때 친구 마므티에게서 전화가 왔어요. 흐느끼는 목소리였어요.

"샤르마! 어떡해!"

"왜 그래, 마므티? 무슨 일이야?"

"동생이 폐암에 걸렸대."

"뭐? 폐암?"

그러고 보니 마므티 동생도 한 달 전부터 기침을 심하게 한다고 걱정했는데….

"4살짜리 조그만 아이가 폐암이라니! 말도 안 돼! 이럴 순 없어!"

수화기 너머에서 마므티의 울음이 점점 커지고 있었어요. 샤르마는 정신을 차릴 수 없었어요. 아누도, 마므티의 동생도… 무언가 단단히 잘못되고 있어요.

샤르마는 알아야 했어요. 이 조그만 아이들에게 왜 심각한 병이 생긴 건지요. 친구들이 아토피가 생기고 늘 머리가 아픈 게 왜 그런 건지, 누가 우리를 이렇게 만들고 있는지도요!

컴퓨터를 켜고 인터넷 속 자료들을 찾았어요. 샤르마의 눈이 점점 커졌어요. 샤르마는 숨도 쉬지 못하고 자료들을 공부하기 시작했어요.

다음 날, 비대면 수업 시간이었어요. 컴퓨터 화면에 선생님과 친구들의 얼굴이 보였어요.

"여러분, 어제 선생님이 낸 숙제 생각해 보았어요? 왜 인도의 하늘이 이런 건지, 우리는 무얼 해야 하는지 말이에요."

선생님의 물음에 화면 여기저기서 반 아이들이 힘차게 대답했어요.

"하늘이 이렇게 뿌연 건 미세먼지 때문이에요!"

"미세먼지는 우리 눈에도 보이지 않을 정도의 크기예요. 그런데 너무 작아 코에서 걸러지지 못하기 때문에 위험한 거래요."

"대기 오염 물질이 잔뜩 묻은 미세먼지는 기관지, 폐에 염증을 만들고 혈관 속을 돌아다니며 우리 몸에 무서운 병을 일으키기도 한대요.

미세먼지 심한 날엔 밖에 나가면 안 된대요."

아이들의 대답에 선생님이 말씀하셨어요.

"맞아요. 미세먼지는 세계 보건 기구(WHO)에서 1급 발암 물질로 지정했지요. 그러니 미세먼지를 마시지 않도록 해야 해요. 그러면 밖에 나가지 않는 것 말고는 우리가 할 수 있는 게 없을까요?"

선생님이 화면 속 한 명, 한 명을 바라보았어요.

"외쳐야 해요! 멈춰 달라고 말해야 해요!"

샤르마는 굳은 얼굴로 다시 힘주어 말했어요.

"미세먼지는 석탄 화력 발전소 때문이에요. 화석 연료 사용으로 지구는 뜨거워지고 공기는 오염되고 있어요. 그러니 외쳐야 해요. 석탄 화력 발전소를 멈춰 달라고 말이에요!"

친구들이 머리를 갸웃거렸지만, 샤르마는 말을 이었어요.

"처음엔 나도 범인이 미세먼지라고 생각했어. 하지만 더 생각해 보니 미세먼지가 얼마나 위험한지 알면서도 아무렇지 않게 화석 연료를 사용하는 어른들이 진짜 범인인 걸 알게 되었지. 하루쯤 음식을 먹지 않아도, 하룻밤 잠을 자지 않아도 살 수 있어. 하지만 숨은 잠시도 참기 힘들어. 그만큼 중요하다고! 그런데 어른들은 돈을 벌기 위해, 우리가 태어나기도 전에 공기를 다 망쳐 놓았어. 화석 연료를 마구 태우면서 지구의 환경 따위는 생각하지 않았다고! 뭔가 하지 않으면 어른들은 멈추지 않을 것 같아. 그래서 외쳐야 한다는 거야!"

샤르마는 동생 생각에 눈물이 왈칵 쏟아질 것만 같았어요. 선생님이 그런 샤르마를 바라보며 말했어요.

"샤르마 덕에 오늘 그레타 툰베리를 소개해 주고 싶구나. 자, 한번 볼래?"

선생님이 보여 준 영상 속에서 한 소녀가 격양된 모습으로 연설을 하고 있었어요.

"미래가 없는데 학교에 가는 것이 무슨 소용인가요? 어른들이 지구를 지키지 않는다면 우리가 나서겠어요. 당신들은 우리가 보는 앞에서 우리의 미래를 도둑질하고 있다고요! 화석 연료를 그만 써야 해요. 미래가 없는 현실을 똑똑히 보세요!"

샤르마는 영상 속 소녀를 보자, 자신이 해야 할 일이 떠올랐어요. 친구와 얼굴을 보고 인사하지 못하게 만드는 이들에게, 우리의 미래를 없애고 있는 이들에게 무슨 말을 할지, 그리고 우리 세대가 살아남기 위해 무엇을 해야 하는지 말이에요.

다음 날 아침, 샤르마는 국회 의사당 앞으로 갔어요. 직접 만든 공기 청정기를 등에 메고요. 공기 청정기는 식물을 심은 화분을 가방에 넣고, 튜브로 가방과 호흡기용 마스크를 연결한 거예요. 식물이 내뿜은 산소를 전달받아 깨끗한 공기를 마실 수 있게 하는 장치이죠. 이렇게 하면 사람들이 뉴델리의 대기 오염이 얼마나 심각한지 깨달을 수 있을 것 같았거든요.

"기후 변화를 막는 법을 제정해 주세요! 기후 문제를 해결하기 위해 대기를 오염시키는 화석 연료의 사용을 줄여 주세요!"

샤르마는 피켓을 치켜들고 목소리를 높였어요.

처음에는 그냥 지나치던 사람들이 한두 명씩 다가와 공기 청정기를 신기한 듯 보기도 하고 혀를 차기도 했어요.

"학교 갈 시간에 뭐 하는 거냐!"

"그런다고 해결이 될 것 같아?"

하지만 샤르마는 꿋꿋했어요. 그때 한 아저씨가 승용차에서 내리더니 얼굴을 구기며 말했어요.

"뭐, 기후 변화를 막는 법? 그러면 인도에 있는 이 수많은 공장이 어떻게 돌아가겠니! 공장이 돌아가야 너희들이 먹고살 수 있단 말이다. 당장 그만두지 못하겠니!"

아저씨의 위협적인 말에도 샤르마는 피켓을 내리지 않았어요.

"맞아요. 전 세계 기업들이 인건비가 싼 우리나라로 공장을 옮겼어요. 그 덕분에 온실가스가 만들어지고 있고 공기는 숨도 못 쉴 지경이고요! 왜 어른들은 경제 발전만 생각하지요? 그 과정에서 절대 놓치면 안 되는 게 있어요. 바로 생명이에요!"

아저씨는 당황하며 얼굴을 붉혔어요. 샤르마는 더욱 힘을 내어 소리쳤어요.

"공기는 돈으로도 살 수 없어요. 마음껏 숨 쉴 자유를 빼앗지 말아 주세요! 우리는 석탄으로 만드는 전기를 사용하고 싶지 않아요!"

비록 지금은 혼자 소리를 내고 있지만, 이 작은 목소리가 더 큰 목소리가 되고 그 목소리들이 모여 언젠가는 부당한 결정을 바로잡을 수 있을 거라고 샤르마는 믿었어요. 그래서 샤르마는 매캐한 공기 속에서 더욱 힘을 내어 외쳤답니다.

"우리가 살아갈 지구를 더 이상 망치지 말아 주세요!"

미래 세대에게 닥친 기후 위기와 불평등

미래 생존을 위한 장치

• 미세먼지가 심각한 뉴델리의 하늘

인도는 지난 20년간 산업화로 인한 화석 연료 사용이 급증했어요. 자동차 수도 크게 늘었고요. 난방을 하는 겨울에는 대기 오염이 더욱 심각해졌어요. 결국 인도 정부는 2021년, 관공서를 일시 폐쇄하고 학교의 대면 수업을 중지했어요. 뉴델리 일부 지역에서는 초미세먼지 농도가 세계 보건 기구(WHO)가 정한 안전 기준보다 50배 높은 오염 수준이 관측되기도 했어요.

인도에서는 많은 사람이 대기오염으로 고통을 겪고 있어요. 그 피해는 어린이에게 더욱 심각해요. 뉴델리의 많은 어린이들이 천식 등 호흡기 질환을 앓고 있어요.

2019년, 당시 8살이었던 소녀 칸구잠은 국회 의사당 앞에서 1인 시위를 했어요. 기후 위기를 막는 법을 만들고, 학교에서 기후 위기에 대해 배울 수 있게 해 달라고 외쳤어요. 그러고는 식물을 심은 공기 청정기인 '수키푸(SUKIFU)'를 직접 만들어 등에 메었어요. 수키푸는 '미래 생존을 위한 장치(SUrvival KIt for FUture)'라는 뜻으로 대기 오염을 하루빨리 막아야 한다는 의미를 담은 장치였지요.

기후 변화에 위협받는 미래 세대 인권

런던의 한 도로변에서 살던 9살 어린이가 심한 대기 오염 속에서 고통을 겪다가 사망했어요. 2020년, 영국 법원은 이 어린이의 사망 원인을 대기 오염 때문이라고 인정했어요. 최초로 대

● 어린이에게 더 위험한 대기 오염

기 오염을 사망 원인으로 인정한 사례예요. 중국에서도 8살 어린이가 스모그로 인해 폐암에 걸렸고, 1살 영아가 대기 오염이 원인이 되어 암 진단을 받았어요.

아기나 어린이는 어른보다 훨씬 숨을 자주 쉬기 때문에 코와 입을 통해 몸속으로 미세먼지가 더 많이 들어가요. 또 어른에 비해 몸이 스스로 지키는 힘, 즉 면역력이 약하지요. 그래서 똑같은 미세먼지 농도라고 해도 어린이는 더 취약해요. 더구나 어릴 적 환경 오염에 노출되면, 어른이 된 뒤에 심각한 병에 걸릴 위험이 훨씬 커요.

환경을 파괴하고, 경제 성장을 위해 생명의 가치를 외면한 채 온실가스를 내뿜어 온 어른들의 잘못으로 생긴 피해를 어린이들이 가혹하게 겪고 있어요. 이 지구에서 앞으로 더 긴 시간을 살아갈 미래 세대가 기후 변화의 커다란 피해자가 되고 있는 상황이에요.

미래 세대의 생존 노력

온실가스는 배출 후 바로 사라지지 않고 수백 년 동안 대기 중에 쌓이게 돼요. 결국 미래 세대는 자기들이 배출하지도 않은 온실가스 때문에 기후 위기의 피해를 겪게 되지요.

지금 당장 아무런 행동도 하지 않으면, 어린이들은 어른들이 만들어 놓은 기후 위기로 고통을 겪을 수밖에 없어요. 그런데도 미래 세대는 자신의 삶에 영향을 미치는 결정에 참여할 수 없지요. 정치인들과 기업가 같은 힘 있는 의사 결정권자가 석탄 화력 발전소를 짓는 무책임한 결정을 내리고 있는데 어린이들은 선택권이 없어요.

과학자들은 온실가스를 빨리 줄이지 않으면 지금 일어나고 있는 기후 위기의 상황이 점점 더 악화될 거라고 경고하고 있어요. 이 사실을 알면서도 느긋하게 모른 척하는 정치인들을 향해 세계 곳곳에서 어린이와 청소년들이 목소리를 내기 시작했어요.

미래 세대의 미래를 바꿀 권리

스웨덴의 청소년 그레타 툰베리는 국회 의사당 앞에서 '기후를 위한 학교 파업'이라고 쓴 팻말을 들고 1인 시위를 했어요.

학교에 가지 않고 시위를 했다고요?

응, 기후 위기 문제가 너무나 시급한데도 정치인들이 아무 행동도 하지 않는다며 매주 금요일마다 등교하지 않고 시위를 했어.

맞아요. 툰베리의 등교 거부 시위는 전 세계로 퍼졌고, 많은 어린이와 청소년이 이에 동의하여 기후 위기를 막기 위해 '기후 행동'을 촉구하는 시위를 시작했지요.

'기후 소송'이란 것도 있대요. 포르투갈에서는 어린이와 청소년 여섯 명이 기후 변화가 어린이와 청소년들의 인권을 침해했다며 유럽 33개국을 대상으로 소송을 제기했어요.

 그래요, 기후 소송이란 기후 위기에 적극적으로 대응하지 않는 정부와 기업을 대상으로 시민이 제기하는 소송을 뜻해요. 정부가 제 역할을 못 하자 어린이와 청소년들이 나선 거예요. 정부의 무책임한 결정에 대한 대가가 고스란히 우리 어린이의 몫으로 남겨질 수 있으니까요.

 우리나라에도 어린이들이 제기한 기후 소송이 있나요?

 그럼요. 우리나라도 2020년 청소년 19명이 기후 문제가 심각한데도 정부의 온실가스 감축 목표가 너무 낮다며 기후 소송을 제기했어요. 또 태아를 포함한 어린이 62명이 제기한 '아기 기후 소송'도 있고요.

 판결이 난 기후 소송이 있나요?

 네, 2021년 독일 헌법 재판소는 온실가스를 충분히 줄이지 않고 미래 세대로 넘기는 것은 헌법에 위반된다는 판결을 내렸어요. 또 2023년 미국 몬태나주에서도 미래 세대가 깨끗한 환경에서 안전하게 살아갈 권리를 인정한 첫 법원 판결이 나왔고요.

 우리나라에도 어서 긍정적인 판결이 나왔으면 좋겠네요!

4장

불평등한 주거, 불평등한 기후 위기

잠 못 이루는 쪽방촌 사람들

"아휴, 더워! 완전 찜통 속이잖아. 내가 어쩌다가 교회 선생님과 봉사 간다고 약속을 해 가지고!"

예지는 차가운 음료수를 들이켜며 교회 선생님을 기다렸어요. 한 달 전, 쪽방촌 어르신 반찬 배달 봉사를 가자는 교회 선생님의 말씀에 무턱대고 손을 든 게 잘못이었죠. 그땐 여름 방학 때 봉사 점수라도 따야지 했는데, 이렇게 날이 더워질 줄 몰랐어요.

예지는 내리쬐는 햇빛을 피해 건물 옆으로 갔어요. 그런데 가자마자 외벽에 늘어선 에어컨 실외기에서 뿜어져 나오는 열기로, 그만 숨이 턱 하고 막혔어요. 그래서 얼른 가로수 밑으로 갔어요. 나무들도 목이 마른지 물주머니를 하나씩 차고 있었어요. 그런데 가을도 아닌데 잎이 빨갛게 변해 있었어요.

그때 저 멀리서 땀을 훔치며 교회 선생님이 오고 계셨어요.

"혹시나 덥다고 안 가겠다고 하면 어쩌나 싶었는데, 이렇게 함께 봉사를 가 주어 고맙구나! 많이 덥지?"

"지금 막 봉사 간다고 손 든 걸 후회하던 참이었다고요! 에어컨 빵빵 나오는 시원한 방에서 게임을 하고 있었는데 말이에요."

"하하! 저기 보이는 언덕만 올라가면 되니, 힘내자!"

"그런데, 선생님! 나무들이 왜 벌써 단풍이 든 거예요?"

"아, 이건 단풍이 든 게 아니라 계속되는 폭염으로 수분을 흡수하지 못해 말라 죽은 거란다."

"더위가 사람만 힘들게 하는 게 아니었네요."

"그럼! 동물이나 식물들은 급속도로 변한 기후 환경에 대처할 시간도 없어 멸종되기도 하니 정말 큰일이야."

선생님과 예지는 연신 부채질을 하며 언덕길을 올라갔어요. 더운 공기가 입과 코로 훅훅 들어왔어요. 5분쯤 걸은 것 같은데 벌써 이마에 땀이 줄줄 흘렀고 얇은 티셔츠는 땀에 흠뻑 젖었어요.

예지네 아파트 반대편으로 난 언덕길로 접어들자 이제까지 예지가 알던 동네와는 다른 풍경이 펼쳐졌어요.

좁은 골목 담벼락 밑에 할아버지 한 분이 나와 앉아 계셨어요.

얼굴이 벌겋게 달아오른 선생님이 먼저 인사드렸어요.

"어르신, 안녕하세요? 지난달에 뵈었죠?"

"안녕하세요? 저는 예지라고 해요. 그런데 왜 나와 계세요? 밖은 너무 덥잖아요."

예지도 얼른 인사했어요. 할아버지가 에어컨이 나오는 집으로 들어가자고 말해 주길 바라는 눈치로 말이에요. 그런데 할아버지는 일어날 생각은커녕 부채를 부쳐 예지 앞으로 바람을 보내 줄 뿐이었어요.

"낮에는 밖에 나와 있는 게 그나마 시원해. 여긴 그래도 가끔 바람이라도 불잖니."

예지는 무슨 말인지 이해가 안 되었어요.

"할아버지, 밖은 35도라고요! 111년 만의 폭염이요!"

그런데 주위를 둘러보니 할아버지뿐이 아니었어요. 여러 명의 할머니, 할아버지들이 사람 한 명 겨우 지나다닐 수 있는 좁은 통로에 작은 의자를 가져다 놓고 앉아 계시는 거예요.

"예지라고 했니? 더워서 어쩌냐. 반찬만 두고 다시 얼른 나오자."

할아버지가 부채로 바람을 부쳐 주며 일어섰어요.

'밖으로 다시 나오자고?'

예지는 할아버지의 말이 도통 이해가 안 되었어요.

할아버지를 따라간 집은 예지네 집과는 많이 달랐어요.

좁은 문을 열고 집 안으로 들어가자 복도에 또 문들이 늘어서 있었어요. 복도는 볕이 잘 들지 않아 어두컴컴했어요. 곰팡냄새도 나는 것 같았고요.

다닥다닥 붙어 있는 문 중에서 할아버지가 문 하나를 열었어요. 그러자 뜨거운 열기가 훅 하고 쏟아져 나왔어요. 후덥지근한 공기가 방 안에 가득했어요. 그리고 예지의 눈 앞에 펼쳐진 건 너무도 작은 방이었어요. 선생님과 예지가 들어가 발을 디딜 만한 공간도 없었어요. 예지의 방보다 더 작았어요.

"꼬마 아가씨, 이런 집 처음 보지?"

예지는 에어컨 타령을 했던 게 마음에 걸려 얼른 고개를 숙였어요.

할아버지의 방은 창문이 없었어요. 벽엔 옷가지가 빼곡하고 낡은 이불과 오래된 텔레비전, 작은 냉장고, 낡은 선풍기가 다였어요. 게다가 방이 너무도 좁으니 살림살이를 놓을 공간이 부족해 여기저기 물건들이 뒤섞여 쌓여 있었어요. 환기가 안 되는 방에는 뜨거운 공기가 그대로 갇혀 있었어요.

그때야 예지는 알았어요. 답답하고 뜨거운 방보다 그나마 바깥이 낫다는 것을요. 후끈한 열기로 밖보다 몇 배는 더 더웠어요. 할아버지는 쪽방이 막아 주지 못하는 폭염을 피해, 그리고 외로움을 달래기 위해 폭염 속에도 저렇게 나와 계셨던 거예요.

"작년에 이 쪽방촌에서 폭염으로 두 명이나 쓰러졌다우. 부엌이 없으니 휴대용 버너로 방에서 밥을 해 먹는데, 그 열기 때문에 여름엔 밥도 제대로 못 해 먹어. 냉장고에서 나는 열도 엄청나지. 결국 찜통 같은 곳에서 제대로 밥도 못 먹다 몸이 상해 쓰러진 게지. 우리에겐 차라리 겨울이 나아. 겨울은 도망갈 이불 속이라도 있지, 더위에는 대책이 없어!"

할아버지가 선풍기를 틀었어요. 하지만 더운 바람만 나올 뿐, 하나도 시원하지 않았어요. 선생님과 예지의 얼굴에서 땀이 흘러내렸어요.

할아버지는 그런 예지를 보며 냉장고에서 얼음을 꺼내 대접에 담아 주셨어요. 예지는 얼음을 와작와작 씹었어요.

"어르신은 괜찮으세요?"

선생님이 걱정 어린 얼굴로 물었어요.

"괜찮을 리가 있나. 여기 사람들 여름이면 다 더위 먹어. 더위 먹고 생기는 병, 그거 뭐더라…, 아, 온열 질환! 그런 거 다 걸린다오. 정 못 참겠으면 찬물로 샤워하고 얼음 씹어 먹고…."

예지가 끼어들었어요.

"카페 같은 곳에 가시면 어때요? 저희도 밖에서 놀다가 더우면 햄버거 가게나 아이스크림 가게에서 땀을 식히거든요."

"하하, 그렇지. 하지만 할아버지는 커피 한 잔에 몇 천 원씩 쓸 돈이 없단다. 괜히 가 봐야 눈치만 보이지. 은행이나 백화점 같은 데도 우리 같은 노인들이 가면 안 좋아하고 말이야. 무더위 쉼터가 있다는데 어디 있는지도 모르겠고."

할아버지의 대답에 선생님이 조심스럽게 물었어요.

"복지 센터에서 에어컨 설치는 안 해 주나요?"

"에어컨을 설치해 줘도 전기 요금 때문에 못 켜는 사람이 대부분일 텐데 뭐. 냉방비 지원이 없으면 있으나 마나지. 선풍기도 전기 요금 생각에 손님 올 때나 켜는걸 뭐."

할아버지 말에 선생님은 어쩔 줄 몰라 했어요.

"앞으로 폭염 일수가 계속 늘어날 거라는데, 걱정이네요."

"그러게 말이야. 낮에 한껏 데워진 건물은 밤에도 식지 않는다오. 밤이면 열대야 현상까지 더해져 찜질방에라도 온 것 같다오. 너무 더우니 도무지 잘 수가 없어. 우리에게는 낮이나 밤이나 방 안에 있는 것 자체가 고역이야. 쪽방촌의 여름은 정말 가혹하다오."

 선생님과 언덕길을 내려오며 예지는 한마디도 할 수 없었어요. 사실 그전까지 예지에게 폭염은 크게 다가오지 않았어요. 아무리 뉴스에서 덥다고 해도 예지의 집에는 거실에도, 부모님 방에도, 예지의 방에도 그리고 오빠 방에도 에어컨이 있어 문제없었거든요. 전기 요금 걱정 없이 에어컨을 틀면 되었죠. 커다란 냉장고엔 아이스크림도 가득했고요.
 그런데 할아버지가 계시는 쪽방촌에는 에어컨은커녕 창문도 없으니 낮이나 밤이나 너무 더울 것 같았어요. 저렇게 더운 집에 계시다가 쓰러지지는 않으실까 예지는 마음이 편치 않았어요.
 언덕길을 내려오자마자 시원한 카페가 즐비했어요. 선생님과 예지도 빙수 카페에 들어갔어요. 쪽방촌에서 땀을 너무나 흘렸던 탓에 예지는 물부터 벌컥벌컥 마셨어요. 그리고 달콤한 빙수를 먹기 시작했지요. 그런데 달콤한 베리베리 빙수가 하나도 달지 않았어요. 부채 하나로 더위를 견디는 쪽방촌 할아버지 생각이 났어요.
 "선생님, 폭염은 점점 더 심해질 거라는데…."
 예지는 빙수를 먹다 말고 일어섰어요.

"선생님, 얼른 쪽방촌에 다시 가요. 할아버지랑 같이 빙수 먹고 싶어요!"

예지는 빙수를 들고 뜨거운 열기로 푹푹 찌는 거리를 내달렸어요.

주거 취약 계층에게 닥친 기후 위기와 불평등

• 쪽방에서 선풍기 하나로 여름을 나는 어르신

폭염을 다르게 겪는 사람들

2018년에는 전국적으로 111년 만에 최악의 폭염이 30일 넘게 이어졌어요. 폭염은 하루 최고 기온이 33도 이상인 날이에요. 당시 온열 질환자가 수천 명이 넘었고 100명 넘게 사망했어요. 이때부터 정부는 폭염을 태풍, 홍수와 같은 '자연 재난'에 포함했어요. 더위가 인명을 앗아 가는 재난이 될 수 있음을 알게 되었죠.

이제껏 우리나라에서 폭염에 의한 사망 사고가 가장 많이 발생한 공간은 외부가 아닌 '집'이었어요. 특히나 65세 이상 고령층의 피해가 가장 컸어요. 에너지 효율이 낮은 낡은 주택에 거주하면서, 경제적인 이유로 냉방도 제대로 하지 못하기 때문이지요.

쪽방의 한여름 실내 온도는 아파트보다 훨씬 높아요. 아파트는 단열재로 열을 차단하고 단지 안에 나무가 있어 주위의 열을 흡수해 온도를 낮춰 주지만, 쪽방촌에서는 오래된 콘크리트와 낡은 슬레이트 지붕이 불볕 열기를 그대로 흡수하기 때문이에요.

서로를 돌보는 지역 공동체

폭염에 따른 사망 위험은 가난한 사람이 그렇지 않은 사람보다 18% 높다는 연구 결과가 있어요. 또 녹지 공간이 적은 곳일수록, 주변에 병원이 적은 곳일수록 폭염의 위험도 커지지요. 폭염의 피해는 사회·경제적인 수준이나 주거 유형 등에 따라 다른데, 그중에서도 가족 형태에 따라 큰 차이가 나요. 1인 가구는 가족과 같이 사는 가구보다 사망 위험이 훨씬 높아요. 혼자 사는 사람의 경우 응급조치가 늦어지기 때문이에요.

1995년 미국 시카고에서는 40도를 웃도는 폭염이 일주일간 이어지면서 700명 넘는 사람들이 사망했어요. 불안한 치안으로 사람들은 아무리 더워도 문을 꼭꼭 걸어 잠갔고 외출을 꺼렸어요. 가난하고 혼자 사는 노인들의 피해가 가장 컸어요. 정부는 홀로 사는 노인이 겪는 고립을 사망의 주요 원인으로 보고 대책을 마련했어요. 에어컨이 작동하는 냉방 센터를 설치하고, 누구든지 갈 수 있도록 무료로 버스를 제공했어요. 또 사람들의 집을 일일이 방문해 고립되지 않도록 했어요. 덕분에 4년 뒤 비슷한 폭염이 닥쳤을 때는 사망자가 크게 줄었어요.

기후 위기와 주거 취약 계층

• 폭우에 속수무책인 반지하 주택

2022년 우리나라에 115년 만에 가장 많은 비가 쏟아졌어요. 반지하 주택에서 살고 있던 사람들에게는 끔찍한 시간이었어요.

전국에 지하·반지하 가구 수는 32만이 넘어요. 또 쪽방, 고시원, 여관, 비닐하우스 같은 주거 기능이 적절하지 않은 공간은 가난한 사람들과 이주민의 주거 선택지가 되고 있고요.

집중호우에 속수무책인 반지하 주택, 폭염을 막아 주지 못하는 쪽방, 에너지 효율이 낮아 난방을 해도 추운 노후 주택, 물에 잠기는 저지대와 해수면 인근 지역, 상수도가 보급되지 않은 지역 등은 기후 위기에 매우 취약해요. 재난을 막아 주어야 할 집이 누군가에게는 안전하지 못한 공간이 된 것이에요.

게다가 대부분의 주거 취약 계층은 전기 요금을 내기 힘들어 에어컨을 틀지 못하고, 난방도 하지 못하는 경우가 많아요. 가장 적은 양의 탄소를 배출하지만 기후 변화의 위협에 가장 먼저 노출되고 가장 큰 피해를 보는 사람들이죠. 정부가 냉난방비 지원을 하고 쉼터를 늘린다고는 하지만 근본적인 대책은 될 수 없어요. 국민 모두가 안전하고 사람답게 살 수 있는 주거 공간이 필요해요

에너지 사용을 줄여 주는 주택

선생님, 모든 국민은 건강하고 쾌적한 환경에서 생활할 권리가 있다고 하셨는데, 기후 위기 시대 주거 취약 계층에게 어떤 대책이 필요할까요?

주거 환경을 더 좋게 만들고 불평등을 없애는 노력이 필요해요. 첫째, 안전하고도 에너지를 절약할 수 있는 주택을 지어 공급하는 일, 둘째, 그린 리모델링을 통해 낡은 주택을 고치는 일이죠. '제로 에너지 하우스'라고 들어 봤나요?

네, 자체적으로 생산하는 에너지와 소비하는 에너지를 합한 양이 0에 가까운 집이라고 들었어요.

잘 알고 있네요. 제로 에너지 하우스는 외부에서 에너지를 공급받지 않고 태양광이나 풍력, 지열을 이용해 자체적으로 에너지를 생산해요. 그리고 두꺼운 벽으로 지어 겨울에는 집 안의 열을 잡아 두고 여름엔 바깥의 열이 안으로 들어오는 것을 막지요. 또 남향으로 짓고 삼중 유리의 커다란 창문도 만들어, 햇빛을 집 안으로 많이 받아들여서 조명도 덜 쓰고 난방 효과도 얻을 수 있어요.

와, 이런 집은 전기 요금이나 냉난방비가 아주 적게 들겠네요. 게다가 탄소 배출까지 줄일 수 있으니 일석이조네요.

 서울 노원구에 '이지 하우스'라고 제로 에너지 주택 단지가 있으니 한번 방문해도 좋을 것 같아요.

 네! 그런데 아까 말씀하신 그린 리모델링이란 뭔가요?

 우리나라의 많은 주택은 벽 두께가 얇아 겨울에는 춥고, 여름에는 더운 경우가 많아요. 그만큼 에너지 사용이 높다는 이야기여서 그에 따른 냉난방비 부담도 커요. 그린 리모델링은 에너지 소비가 많은 노후 건축물을 리모델링해 에너지 효율과 성능을 좋게 하는 걸 말해요.

 그린 리모델링을 통해 낡은 주택을 고쳐 냉난방 비용도 줄이고 온실가스 배출도 줄이는 것이네요.

 맞아요. 우리나라 온실가스 중 25%가 주택과 건물 분야에서 나오고 있어요. 기후 변화 속에서 살아가기 위해서는 에너지 사용을 줄여 탄소를 적게 배출하면서도 더위나 추위로부터 건강과 생명을 보호할 수 있는 안전한 집이 필요해요.

 제로 에너지 주택이나 그린 리모델링은 가장 적은 양의 탄소를 배출하면서도 기후 변화로 가장 큰 피해를 보는 사람들에게 기후 변화에 따른 불평등을 줄일 수 있는 좋은 방법이 될 것 같아요.

5장

예측할 수 없는 날씨로 생계를 위협받는 농민

기후위기에 내몰린 농민들

"오늘의 날씨를 말씀드리겠습니다. 오늘도 아오모리현에는 강한 비가 내리겠습니다. 이 비는 당분간 계속될 것으로 예상되며…."

아침에 일어나자마자 일기 예보에 귀를 쫑긋하던 메이는 점점 얼굴이 굳어졌어요.

'열흘째 비가 오다니…. 비는 대체 언제쯤 그치는 걸까?'

메이는 비 오는 창밖을 말없이 바라보았어요. 메이가 이렇게 날씨에 관심을 두는 이유는 다름 아닌 사과나무 때문이에요. 메이의 아빠는 사과 농사를 짓고 있어요. 농사는 무엇보다 날씨에 직접적인 영향

을 받아요. 한창 쨍쨍한 햇볕을 받아 사과가 빨갛게 익어 가야 할 8월에 열흘째 비가 내리고 있으니 속상할 수밖에요. 만약 도시에 살았다면 비가 오든 말든 상관없었을 텐데 말이에요.

　도시에서 살던 메이네는 5년 전 이곳 아오모리현으로 이주했어요. 할아버지가 돌아가시면서 메이 아빠가 할아버지의 사과 농장을 맡기로 했거든요. 놀 것도 먹을 것도 많은 도시를 떠나오면서 메이는 엄청 심통을 부렸어요. 농촌에는 놀이동산도 없잖아요. 장난감 가게도 없고요.

　아빠가 농장에 가 있는 동안 메이는 집에서 텔레비전을 보며 시간을 보냈어요. 그러던 메이에게 같은 반 히토미와 리코가 찾아왔어요.

"사과 따러 안 갈래? 가장 빨간 사과를 찾아내는 사람이 이기는 게임도 하고!"

히토미와 리코는 사과 농장에서 노는 법을 많이 알고 있었어요. 사과나무에 꽃이 피는 봄에는 꿀벌도 무서워하지 않고 농장에서 술래잡기도 하고, 빨갛게 사과가 익어 가는 가을이면 놀러 온 도시 친구들과 함께 사과 따기도 하고요.

"도시에서는 마트에 가면 언제라도 과일을 살 수 있겠지만, 이렇게 직접 따는 건 누구나 할 수 있는 게 아니지!"

히토미와 리코는 메이에게 사과 따는 법도 알려 주었지요.

처음에는 농사가 손에 익지 않아 힘들어하던 아빠도, 농민은 자연의 일부로 살아가는 직업이라며, 공동체의 먹을거리를 생산해 내는 중요한 일을 하고 있다는 걸 자랑스러워하셨어요.

그런데 얼마 전부터 아빠의 얼굴에 그늘이 졌어요. 메이도 도통 신나지 않아요. 바로 이상해진 날씨 때문이에요.

"어쩌냐. 이렇게 비가 계속 오면 곰팡이가 늘어나 잎과 열매에 병이 많이 생길 텐데. 아무래도 안 되겠다. 메이야, 잠깐 농장에 다녀오마."

비 오는 창밖을 말없이 바라보던 아빠가 장화를 신으며 말했어요.

"아빠, 저도 같이 가요!"

메이도 우비를 입고 급히 아빠를 뒤쫓았어요. 그런데 사과 농장에 도착한 아빠와 메이는 입을 다물지 못했어요. 해를 보지 못해 병들어 가는 것도 모자라, 밤새 불어 댄 세찬 바람 탓에 사과가 여기저기 땅에 떨어져 나뒹굴고 있었어요. 더구나 똑바로 서 있어야 할 나무들이 바람에 기울어지고 가지들도 부러져 있었고요.
"나무에 매달린 사과보다 바닥에 떨어진 사과가 더 많으니…. 어휴, 올해 농사는 망했구나."

메이는 얼른 사과 농장 한가운데로 달려갔어요. 할아버지가 처음 사과 농장을 시작하시면서 메이의 이름을 붙여 심은 사과나무예요. 나뭇가지에 '메이의 사과나무'라고 쓴 푯말도 걸려 있지요. 그런데 그 나무도 오랜 비에 잎과 열매가 병들고 있었어요.

아빠가 한숨을 쉬었어요.

"농사는 하늘이 짓는다는데, 요즘엔 정말 농사를 계속할 수 있을지 걱정이구나."

그때였어요.

"형님!"

사과 농장을 하는 마을 아저씨 세 분이 아빠를 찾아오셨어요. 그중에 히토미와 리코네 아빠도 있었어요. 다들 씁쓸한 표정이었어요.

"형님, 사과 농사 계속하실 거예요? 따뜻해진 기후 탓에, 아오모리현

에서는 전처럼 맛있는 사과가 열리지 않아요. 그러니 잘 팔리지도 않고요. 어쩔 수 없이 작물을 바꾸어야 할 거 같아요."

"아니, 작물을 바꾸다니?"

"정부에서 작물을 바꾸려는 농민들에게 교육을 해 준다네요. 복숭아는 따듯한 기후에서 잘 자라니까 이제부터 복숭아 재배하는 법을 배우려고요."

옆에 있던 히토미네 아빠가 힘없이 입을 열었어요.

"자네는 젊으니 다시 시작할 수 있겠지. 하지만 난 30년 넘게 사과 농사만 지었는데 다른 작물을 시작해 볼 엄두가 나질 않아."

리코네 아빠는 깊은 한숨을 내쉬었어요.

"우리야 늘 날씨의 변화를 살피며 그에 대비하는 것이 익숙한 일이지. 하지만 요즘같이 예측하기 어려워진 기후 앞에서 더는 농사를 지을 수 없을 것 같아. 어떤 해엔 꽃이 너무 빨리 피어 문제, 어떤 해엔 폭염으로 사과가 자라지 않아서 문제, 어떤 해엔 잦은 비로 곰팡이가 피어 문제…. 휴! 이러다간 빚만 늘겠어. 난 농사를 그만두려고 해. 도시에 가서 날씨와 상관없는 일을 찾아볼 거야."

농사를 포기하고 도시로 가겠다는 리코네 아빠의 말을 들은 메이는 깜짝 놀랐어요.

"안 돼요!"

메이는 저도 모르게 소리를 질렀어요.

"그러면 리코와 헤어져야 하잖아요. 이치키네도 하루네도 사과 농사를 포기하고 다 도시로 떠났어요. 친구들이 다 떠나고 있다고요!"

메이는 울상을 지었어요.

"아빠…!"

메이는 농민이 된 걸 자랑스러워하는 아빠가 무슨 말이라도 하지 않을까 했지만, 아빠는 아저씨들의 말이 하나도 틀린 게 없다는 표정으로 잠자코 듣고만 있었어요.

한 아저씨가 또 말했어요.

"이런 기후 위기가 왜 왔습니까? 솔직히 농촌에 있는 사람들보다 도시 사람들이 이산화 탄소를 더 많이 배출하지 않습니까! 그런데 피해는 우리 농촌 사람들이 더 크게 보고 있어요. 물론 기후 위기가 도시 사람에게도 큰 위험이 되겠지만 우리처럼 생계의 문제는 아니잖아요. 그럼에도 도시 사람이 풍족하게 쓸 전기를 만들기 위해 시골에 발전소를 짓잖아요."

아저씨들이 다들 고개를 끄덕였어요.

"먹을거리는 농촌에 기대면서, 보기 싫은 건 죄다 농촌에 세우고 말이죠."

메이는 더 이상 아저씨들의 말을 들을 수 없었어요. 도시에 살 땐 비가 많이 오면 그런가 보다, 날씨가 더워지면 그런가 보다 했어요. 아무리 학교에서 기후 위기다 뭐다 해도 체감하지 못했죠. 하지만 이렇게 농촌에 와 보니 기후는 생계가 달린 문제였어요.

메이는 나중에 아빠의 사과 농장을 물려받고 싶었어요. 할아버지, 아버지가 해 오던 농장에서 사과나무를 오랫동안 키우고 싶었어요. 하지만 이제 아니에요. 아저씨들 말대로 한 해를 내다볼 수 없는 기후 변화 탓에 더 이상 농사를 짓지 못할 것 같아요.

"아빠, 우리도 도시로 가요! 기후가 변한다 해도 생활에 큰 변화가 없는 도시에서 살아요!"

메이는 울상을 지으며 후다닥 집으로 뛰어들어 갔어요.

이십여 일 동안 내리던 비가 멈추고 해가 떴어요. 그사이 빨갛게 익을 기회를 놓친 사과들은 곰팡이가 피어 곪거나 썩어서 하나둘씩 바닥에 떨어졌어요.

"아빠, 우리도 도시로 떠날 거지요?"

메이는 아빠도 사과 농장을 포기하고 도시로 갈 거라 생각했어요. 하지만 아빠는 두꺼운 책 한 권을 보여 주셨어요. 제목을 보니 《탄소 농업》이에요.

"음… 아빠도 생각해 봤는데, 당장 농사를 포기하기보다 이곳에서 좀 더 버티고 싶어. 건강한 토양은 어마어마한 탄소를 저장할 수 있다고 해. 건강한 토양을 만들면서 다시 농사를 지으면 어떨까 싶다. 네 생각은 어떠니?"

"그러면 사과 농장을 다시 살릴 수 있어요?"

"글쎄다. 그건 아마도 하늘이, 그러니까 기후가 도와줘야겠지? 그래도 내가 이곳에서 할 수 있는 건 포기하지 않고 한번 해 보려고 해! 혹시 너도 도와줄 수 있겠니?"

메이는 아빠의 품에 와락 안기며 말했어요.

"그럼요! 저는 언제든 아빠를 도울 거예요! 저도 제가 할 수 있는 게 무엇인지 한번 찾아볼게요."

농민에게 닥친 기후 위기와 불평등

● 기후가 정말 중요한 과일 농사

지구 온난화가 생존의 문제가 된 사람들

100여 년 동안의 우리나라 기후 변화를 살펴보았더니, 봄은 과거에 비해 17일, 여름은 11일 일찍 시작되고 있어요. 2021년에는 서울에서 벚꽃이 99년 만에 가장 일찍 피기도 했어요. 계절이 일찍 시작되는 등 자연의 주기를 예측할 수 없게 되는 것은, 절기에 따라 농사를 짓는 농민들에게는 심각한 일이에요.

기온 상승으로 식물이 빨리 꽃 피고 빨리 지면 꿀벌들에겐 먹이가 빨리 사라지는 거예요. 결국 꿀벌이 꽃가루를 옮겨 주지 못해 열매를 맺지 못하면서 농산물의 양과 종류가 줄게 되는 것이지요. 더구나 기후가 따뜻해지면서 병충해와 전염병이 늘어나 농민들은 더 많은 노동을 해야 하고 비용도 많이 들지만, 수확량이나 품질은 떨어져 소득이 줄고 생활은 불안정해지지요.

기후 위기는 날씨에 의존해 농사를 짓고 살아가는 농민들의 삶에 직접적인 영향을 미치고 있어요. 더워지는 기후에 불규칙한 기후 현상까지 더해져 농민들의 생존은 갈수록 위태로워지고 있어요. 더구나 산업화된 사회에서 농민은 이미 사회·정치·경제적으로 소외된 집단이기에 불평등은 더욱 심해지지요.

주요 생산지까지 바꾸는 기후 위기

2020년, 우리나라 중부 지방에 54일 동안 비가 내렸어요. 그해 가을, 패스트푸드점에서 토마토가 빠진 햄버거를 제공했어요. 길었던 장마의 영향으로 토마토 생산량이 크게 줄었기 때문이죠. 마트에 가면 사시사철 다양한 먹을거리를 살 수 있는 사람들도 기후 변화는 '환경'의 문제가 아닌 '먹고사는' 문제라는 걸 새삼 알게 되었어요.

기온 상승으로 농산물의 주요 생산지가 바뀌고 있어요. 20년 전만 해도 사과는 경상북도 대구에서 많이 재배되었어요. 하지만 이제 기온이 올라 점점 북쪽으로 이동해, 무, 배추 등 고랭지 채소를 재배했던 강원도가 사과 재배지로 변하고 있어요. 이렇게 과일, 채소의 재배지가 이동하면서 농부들에게 새로운 기회가 되기도 하지만, 기존 재배지 농민들은 새로운 작물로 바꿔야 하는 등 커다란 변화에 맞닥뜨리게 되었어요.

기후 변화로 큰 피해를 보는 세계의 농민들

• 캘리포니아의 포도밭

방글라데시, 인도네시아, 필리핀 등은 벼를 일 년에 두세 번 정도 수확할 수 있는 나라예요. 하지만 기후 변화로 해수면이 상승하면서 농경지가 점점 바닷물에 잠기고 곡물이 자라지 않는 땅이 되어 버렸어요. 기후 위기로 농사지을 땅이 사라지고, 수확량이 줄어드는 등 심각한 피해를 보고 있어요. 결국 농민의 70~80%가 빈민이 되거나 기후 난민이 되고 말았어요.

선진국도 예외는 아니에요. 미국 캘리포니아는 세계 최고의 와인 생산지예요. 하지만 최근 비정상적인 따뜻한 날씨로 포도가 이른 성장을 하는가 하면, 기록적 가뭄으로 작물이 말라가는 등 예측하기 힘든 자연재해로 큰 어려움을 겪고 있어요.

기후 위기는 농민들의 생업을 위협하고 인류의 생존이 달린 먹을거리를 위태롭게 하고 있어요. 기후 위기에 적극적으로 대처하지 않으면 우리의 먹을거리도, 우리의 삶도 변할 거예요. 농업과 먹을거리는 농민만의 문제가 아니라 모든 사람의 문제니까요.

수업 톡톡

도시와 농촌 간 에너지 사용의 불평등

전 세계 인구 중 절반 이상이 농촌이 아닌 도시에 살고 있어요. 그러니 도시에서 더 많은 전기를 소비하고 있고요. 우리나라도 서울을 비롯한 수도권에서 가장 많은 전기를 소비해요. 그런데 서울에서 쓰는 전기는 어디에서 만들까요?

서울에서 쓰는 전기는 서울에서 만들겠죠. 아닌가요?

땡! 아니야. 전기를 생산하는 원자력 발전소나 석탄 화력 발전소는 서울과 멀리 떨어진 지역에 지어. 서울 사람들이 싫어하니까!

서울 사람들이 싫어한다면 다른 곳 사람들도 좋아할 리 없잖아. 선생님, 이건 너무 불공평한데요?

우리나라 석탄 화력 발전소 중 절반이 충남 서해안에 몰려 있어요. 이곳에서 생산된 전기는 대부분 수도권으로 보내기 위한 것이지요.

 아, 제가 쓰는 전기가 어디서 오는지 몰랐어요.

 멀리 전기를 보내기 위해서는 송전탑이 설치되어야 해요. 이 송전탑도 85%가 수도권이 아닌 지역에 있어요. 서울과 인천에는 하나도 없어요. 수도권에 전기를 공급하기 위해 멀리 떨어진 농촌 지역민들이 미세먼지와 전자파로 큰 피해를 보고 있지요.

 지역에서 필요한 에너지를 직접 생산할 수 있다면 좋을 것 같아요. 햇빛이나 바람을 이용한, 깨끗하고 안전한 친환경 에너지로요.

 아, 최근 우리 학교에 태양광 전지판을 설치했어요. 자신의 집 마당이나 베란다에 태양광 전지판을 설치해 전기를 만들어 쓰는 건 어떨까요?

 좋은 생각이네요! 이런 생각들이 모여 곳곳에서 에너지 자립 마을도 생겨나고 있어요. 주민들이 힘을 합쳐 에너지 소비를 줄이고 재생 에너지를 생산할 수 있는 사업을 하는 것이지요.

 내가 편리하게 이용하는 전기가 농촌 지역 주민들의 희생에서 나온 거라니 정말 몰랐어요. 앞으로 전기를 아껴 쓸래요.

6장

잦은 기상 이변으로 고통받는 장애인

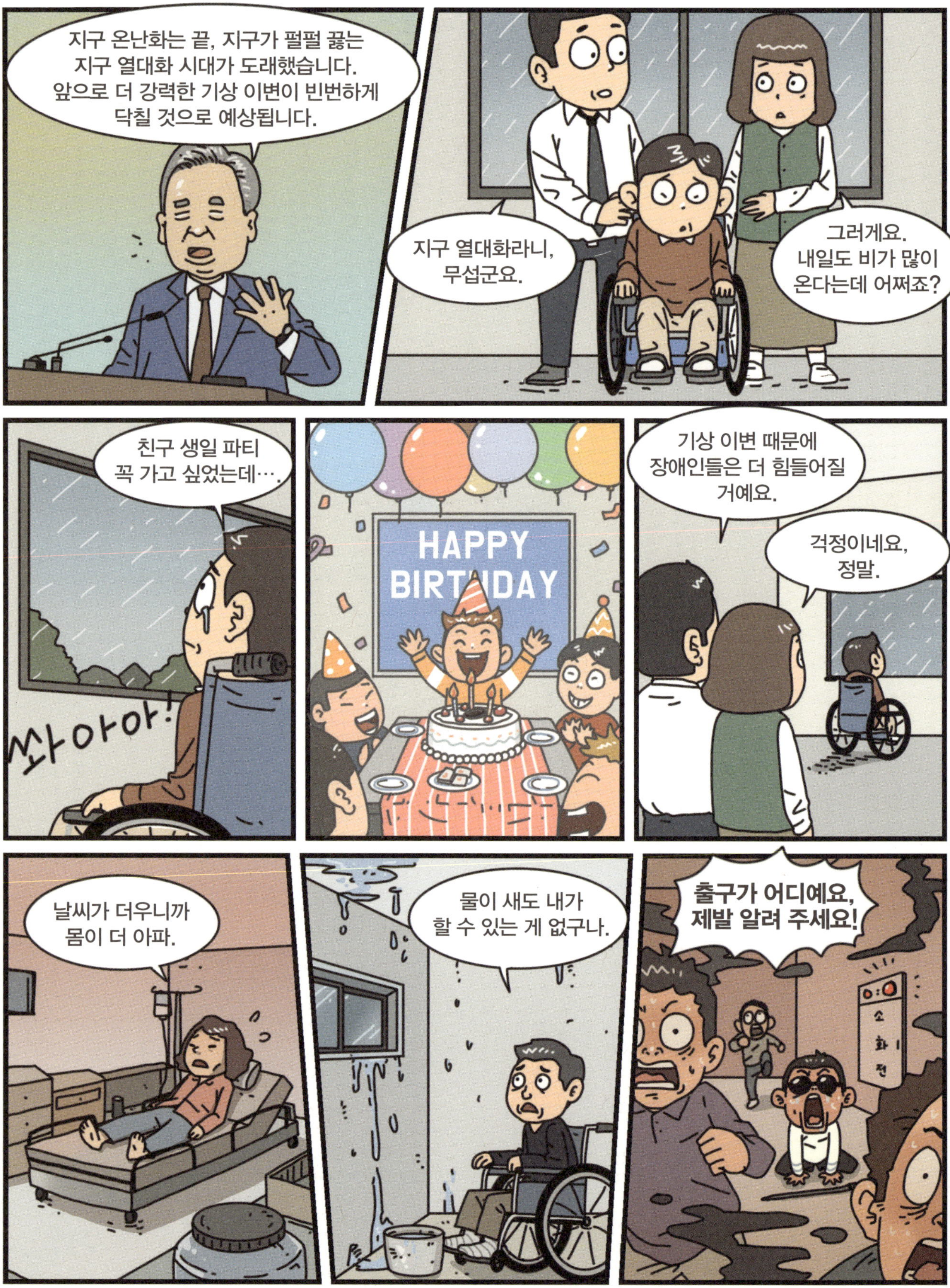

마을을 집어삼킨 산불

아직 날이 밝지 않은 새벽녘이었어요. 엄마의 다급한 소리에 헬렌은 잠에서 깨었어요.

"헬렌, 얼른 일어나! 불이야, 산불이 났어!"

달콤한 잠에 빠져 있던 헬렌은 정신이 하나도 없었어요. 엄마는 헬렌을 안아 휠체어에 앉히며 말했어요.

"어서 가자, 대피 명령이 내렸어! 어서 대피소로 가야 해!"

"대피소요? 또요?"

헬렌은 창밖을 바라보았어요. 창문 너머 바라본 하늘은 온통 붉었어요. 뿌연 연기가 온 마을을 뒤덮고 있었고요. 헬렌은 너무나 놀랍고 무서웠어요.

　작년 여름이 떠올랐어요. 갑작스러운 태풍 때문에 헬렌네 집까지 물이 들어오고 엄청난 강풍이 불어 대피 명령이 떨어졌었어요. 하지만 차도 없고 게다가 휠체어를 타야 하는 헬렌을 데리고 어디로 어떻게 가야 할지 몰라 엄마는 공포에 떨어야 했어요. 시간이 갈수록 불어나는 물에 오도 가도 못 하고 꼼짝없이 갇혀 있다가, 결국 복지관에서 보내 준 휠체어 탑승 차량 덕분에 헬렌과 엄마는 구사일생으로 구조될 수 있었어요. 그런데 올해는 심각한 가뭄으로 산불이 난 거예요.

　엄마는 헬렌에게 다급히 말했어요.

　"헬렌, 어서 서둘러야 해! 피터 아저씨가 대피소까지 태워 준다고 했어. 얼른 가자!"

　천만다행으로 이번에는 같은 동네에 사는 피터 아저씨의 도움으로 무사히 마을을 빠져나갈 수 있었어요. 차에서 보니 산소통을 멘 소방관 아저씨들이 불을 잡기 위해 열심히 물을 쏘아 댔어요. 산불은 무섭게 타오르고 있었어요. 소방 헬기는 산 위로 날아다니며 연신 물을 뿌리고 있었어요.

　헬렌은 대피소로 가면서 마음이 편치 않았어요. 작년과 똑같은 일이 벌어질까 두렵기도 했어요.

　작년의 태풍을 피해 간 대피소는 층계가 있는 2층 체육관이었어요. 계단뿐인 대피소 안으로 들어가는 것도 힘들었지만 대피소 안에서도 휠체어로 움직이기 쉽지 않았어요. 장애인 편의 시설이 없어 화장실에 갈 때도 엄마의 도움이 필요했어요. 휠체어만 있으면 어디든 다닐 수 있었지만 대피소에서는 하나부터 열까지 모든 걸 엄마와 다른 사람들에게 의지할 수밖에 없었어요. 그 기억이 떠올라 헬렌은 산불을 피해 가면서도 또 다른 불안감에 마음이 진정되지 않았어요.

"엄마, 작년과 똑같으면 어떡해요? 올해도 대피하라고만 하고, 아무런 조치가 없는 걸 보면 불안해요."

엄마는 말없이 헬렌의 손을 꼭 잡아 주었어요.

대피소에 도착한 헬렌과 엄마는 계단 앞에서 또다시 절망할 수밖에 없었어요. 작년과 달라진 게 없었어요.

"이동 경사로라도 있어야 휠체어를 타고 들어갈 수 있지 않겠어요? 장애인은 대피소에 들어가지 말라는 이야기인가요?"

엄마가 조끼를 입은 공무원에게 말했지만, 공무원은 헬렌의 휠체어를 한번 쳐다보고는 어쩔 수 없다는 표정을 지을 뿐이었어요. 헬렌은 엄마에게 업혀서 들어갈 수밖에 없었어요.

체육관에 들어서자 산불을 피해 온 많은 사람이 있었어요. 복지관에서 보았던 친구도, 치료실에서 보았던 친구도 보였어요.

그때였어요.

"으악!"

한 아이가 소리를 질렀어요. 옆에서 아버지로 보이는 사람이 아이를

붙잡고 달랬어요.

"죄송합니다. 아이가 발달 장애가 있는데 갑자기 환경이 바뀌는 바람에 극도로 불안해하고 있어요. 약을 먹여야 하는데 대피소 안에 필수 의약품이나 장비가 없는 것 같아요."

아이의 아버지는 아이를 진정시키느라 진땀을 흘리고 있었어요.

그러자 옆에 있던 20대로 보이는 청년도 말했어요.

"저는 신장 투석을 해야 생명을 유지할 수 있어요. 그런데 의료 지원이 되는지 아무리 물어봐도 다들 모른다고만 하네요. 매번 이렇게 아픈 사람들을 내버려두면 어쩝니까!"

공포에 질린 청년의 한숨이 헬렌에게까지 전달되는 것 같았어요. 헬렌은 엄마의 손을 잡았어요.

"엄마, 이곳에서 무사히 지낼 수 있을까요?"

그때 출입문으로 조끼를 입은 공무원 아저씨가 들어오더니 앞에 나가 마이크를 잡았어요.

"아, 시민 여러분! 중요한 소식이니 모두 귀를 기울여 주시기 바랍니다. 현재 산불이 잡히지 않고 있습니다. 여름 내내 가뭄으로 대기가 많이 건조해진 상태라, 작은 불씨에도 무섭게 불이 붙어 대형 산불로 번지고 있어요. 인근 마을 150여 채의 집이 모두 불에 탔습니다. 호주 남동부 지역의 주요 도로와 고속 도로는 모두 폐쇄되었습니다. 인근 학교도 휴교령을 내렸습니다. 중요한 소식들은 들어오는 대로 바로 전달

할 예정이니 앞으로 제가 전달하는 소식에 모두 집중하여 귀를 귀울여 주시기 바랍니다."

사람들은 많은 집이 불에 탔다는 말에 탄식하며 눈물을 흘렸어요. 사람들은 점점 더 심각해지는 산불 상황을 주시하며, 공무원 아저씨의 말에 귀를 기울였어요.

"지금부터 말씀드리는 것은 모두에게 중요한 것이니…."

그때 한 여자아이가 손을 마구 흔들었어요. 복지관에서 보았던 샬롯이에요. 사람들의 시선이 샬롯에게 향했어요.

"무슨 일입니까? 아이 어머니께서는 아이를 진정시켜 주십시오!"

공무원 아저씨가 짜증 섞인 말투로 말했어요.

샬롯 엄마가 무슨 손짓을 하기 시작했어요. 옆에 있던 아주머니가 소리쳐 말했어요.

"샬롯과 어머니는 청각 장애인이에요. 우리 옆집에 사시는 분인데 재난 정보를 하나도 듣지 못했어요. 이렇게 위험하고 급작스러운 상황에 수어 지원이 안 되면 이분들은 어떻게 합니까? 우리와 함께 오지 않았다면 큰일 날 뻔했다고요! 그런데 여기에도 수어 통역이 없네요. 작년에도 그랬는데 또 이런 상황이면 어떡합니까?"

그러자 공무원 아저씨는 난감한 표정으로 말을 얼버무렸어요.

"아, 저희가 수어 지원이 안 되어서…."

헬렌은 휠체어를 밀고 샬롯에게 다가갔어요. 샬롯은 몸을 떨며 엄마

의 손을 꼭 잡고 있었어요.

"샬롯, 난 헬렌이야. 복지관에서 마주쳤는데 여기서 처음 인사를 하네!"

샬롯도 헬렌을 알아보는 것 같았어요.

"네가 많이 불안해할 것 같아서 왔어. 이곳에는 장애인 편의 시설이 없어 나도 어떻게 지내야 하나 많이 불안하거든!"

헬렌은 샬롯의 손을 잡았어요.

"점점 지구는 뜨거워지고 기상 이변은 자주 일어나고 있어. 앞으로 우리는 더 자주 위험 상황에 부닥치게 될 거야. 그런데도 매번 우리를 나 몰라라 하고 있어. 태풍이나 산불 같은 생명이 위급한 상황에서 우리는 방치되는 것 같다고! 학교에서 배웠듯 누구도 위험 상황에 남겨져서는 안 돼. 난 SNS에 우리의 상황을 올리려고 해. 장애인이 스스로 생명을 지킬 수 있도록 지원해 주지 않는 이런 상황을 말이야."

헬렌의 말을 알아듣지 못하지만 마주 잡은 두 손에서 헬렌의 마음이 느껴졌는지 불안해하던 샬롯의 얼굴에 희미한 미소가 번지는 것 같았어요.

헬렌은 스마트폰을 꺼냈어요. 대피하는 과정에서 겪었던 일과 대피소에서의 일들을 쓰기 시작했어요. 안전은 복지가 아닌, 모두의 기본적인 권리임을 모두에게 말하기 위해서지요.

장애인에게 닥친 기후 위기와 불평등

기후 변화로 인해 잦아지는 기상 이변

2019년, 강원도 고성에서 큰불이 났어요. 고성에서 시작된 산불은 급속도로 번져 인근 도시까지 위험한 상황이었어요. 국가 재난 주관 방송사와 공영 방송사에서 급히 대피 안내 방송을 전했어요. 하지만 청각 장애인, 시각 장애인은 상황을 제대로 알 수 없었어요. 위급한 상황이었는데도 재난 속보에 통역과 화면 해설이 제공되지 않았던 거예요. 게다가 대피소로 지정된 곳 중 상당수가 휠체어 접근이 어렵거나 장애인 편의 시설이 설치되지 않은 곳이었어요. 재난으로부터 모든 국민의 생명을 지켜야 함에도 말이에요.

2021년, 독일에 100년 만의 폭우가 쏟아졌어요. 그날 사망한 피해자는 요양원에 머무르던 장애인 12명이었어요. 아무런 경고도 듣지 못한 채, 차오르는 물에 갇혀 희생되고 말았어요. 2022년, 우리나라에서도 수도권에 엄청난 폭우가 내렸어요. 이날 사망한 피해자 역시 장애인 일가족이었어요. 반지하 주택을 집어삼킨 폭우에 갇혀 대피하지 못했던 거예요.

지구의 기온이 올라가면서 폭염, 태풍, 산불 등이 빈번해지고 있어요. 장애인들은 이런 기후 재난 앞에서 신속하게 대피할 수 없는 것이 현실이에요. 빈번해지는 기상 이변은 장애인들의 생명과 안전을 더욱 위협하고 있어요.

장애인에게 불평등한 기후 위기

재난은 언제든, 어디에서든, 누구에게나 닥칠 수 있어요. 하지만 재난 상황에서 장애인은 스스로를 보호하기 힘들어요. 그럼에도 장애인들의 특성을 고려한 대책이 부족하고, 재난을 대비하고 대응하는 과정에서 장애인들은 소외되고 있어요. 문제는 그 불평등이 생명과 안전에 직접 연결되어 있다는 점이에요.

• 청각 장애인들에게 중요한 의사소통 수단인 수어

재난이 닥쳤을 때 지체 장애인의 가장 큰 문제는 이동하기 어렵다는 거예요. 시각 장애인과 청각 장애인도 상황을 전달하고 도와줄 수 있는 사람이 주변에 없다면 재난 현장에 그냥 방치되는 것과 같아요.

또 정신 장애인은 재난이 얼마나 심각한지, 자신에게 어떠한 피해가 오는지 알기가 어려워요. 이로 인해 재난 상황이 오더라도 제대로 된 구조 요청 없이 위기 상황에 그대로 내몰릴 수 있어요. 신속하고 긴급하게 움직여 생명을 지켜야 하는 재난 상황에서 장애인은 큰 위험에 처하게 되는 것이에요.

결국은 일상의 차별 문제

• 일상에서도 많은 불평등을 겪는 장애인들

장애인은 평소 삶에서 많은 제약을 경험하고 있어요. 특히 잦은 폭우나 폭설 등의 기상 이변은 장애인의 이동에 더 큰 어려움을 주고 있지요. 외출하기도 어렵고 학교에 다니기도 힘들어 일자리 얻기도 어려워져요. 결국 장애인들은 다른 사람들과 왕래도 적어지고 고립되는 거예요. 우리 사회가 외면해 온 장애인에 대한 차별 문제가 기후 변화로 인한 재난 상황에서 더 크게 드러나고 있는 것이죠.

그래서 장애인 이동권이 보장되어야 해요. 어디든 다닐 수 있는 권리인 이동권이 보장되어야 교육받을 권리와 일할 수 있는 권리를 가능하게 하고 재난 상황에서 생명을 지킬 수 있게 해요. 기후 위기 상황에서 장애인의 불평등을 해결하기 위해서는, 일상에서 장애인이 겪는 차별과 불평등이 해결되어야 해요.

장애 유형별로 필요한 재난 대응 방법

 선생님, 장애인들은 재난 대응을 어떻게 해야 할까요?

 장애 유형에 따라 달라요. 지체 장애인은 스스로 이동이 어려운 경우가 많으니까 휠체어 같은 보조 기구가 있어야 해요. 또 휠체어가 들어갈 만한 차량과 대피를 도와줄 사람도 필요하고요. 시각 장애인에게는 음성으로 정보를 알려 주어야 하고, 안내견에 대한 배려도 중요하겠지요?

 청각 장애인은 수어 통역사가 필요하겠네요?

 맞아요. 그리고 정신 장애인들이 갑자기 변화된 환경에 불안감을 느끼지 않도록 배려해 주어야 해요.

 장애인들은 장애 정도에 따라 개인차가 크기 때문에 개개인에게 맞는 의료 지원이 필요할 것 같아요.

 장애인은 재난 상황이 발생하면 비장애인보다 더 큰 피해를 받을 수 있어요. 그러니 장애인을 보호하고 안전을 보장하기 위한 시스템도 필요해 보여요.

 둘 다 잘 알고 있네요. 미국에는 재난에 대비해 장애인이 준비해야 하는 것과 주변에서 도와줄 사람이 해야 할 사항 등을 담은 구체적인 피난 매뉴얼이 있어요.

 재난 상황에서 누구도 제외되지 않고 생명과 안전을 지킬 수 있겠네요. 누구나 생명은 소중하니까요.

 모두가 안전하게 이용할 수 있는 무장애(배리어 프리) 대피소도 꼭 필요할 것 같아요.

 몸이 불편한 장애인들은 재난이 닥쳤을 때 옆에서 도와줄 사람이 없는 게 가장 큰 문제예요. 장애인 활동을 지원해 주는 서비스가 충분히 제공되지 않기에, 재난 상황에서 더욱 고립되는 경우가 많아요.

 평상시 주변 환경이 '장애'가 되지 않고, 장애인과 비장애인이 자연스럽게 함께 살아가는 사회가 될 때 기후 재난의 위험에서 누구나 자신의 생명과 안전을 지킬 수 있겠네요.

7장

노동자를 위한 정의로운 전환

지구도 살리고, 노동자도 살리고

"벤!"
친구들과 한참 공차기를 하던 벤은 자신을 부르는 소리에 고개를 들었어요. 토마스였어요!

"와, 이게 누구야! 토마스 아냐? 오랜만이야!"

"방학이라 친척 집에 들르려고 아빠와 같이 왔어. 1년 만에 왔는데 이곳 루르는 여전하구나!"

그 사이 토마스는 뭔가 좀 달라 보였어요.

"넌 도시로 이사 가서 그런지 좀 세련돼 보이는데?"

"이 마을에서는 석탄가루 때문에 옷이 금방 새까매지고 매일 기침도 하고 그랬잖아. 하지만 도시는 달라. 얼마나 깨끗한지 모른다고."

 달라진 건 옷차림만이 아니었어요. 뻐기는 듯한 말투는 예전 토마스의 모습이 아니었어요.

 "세상이 바뀌는 것도 모르냐! 도시 사람들은 환경 오염을 일으키는 석탄을 쓰지 말자고 난리인데! 뭐더라, 탈석탄 정책인가? 나라에서 그런 것도 한다잖아."

 "얘가 갑자기 무슨 소리야!"

 "이곳 탄광도 곧 없어진다던데, 못 들었냐?"

 "무슨 뚱딴지같은 소리야! 루르 지역에 탄광이 얼마나 많은데! 다들 탄광에 기대어 먹고산다고!"

"아니야, 진짜야! 아빠가 그랬어. 나라에서 화석 에너지를 줄인다고 탄광을 없앤다고 했대. 이곳뿐만이 아니야. 다른 지역도 탄광을 없애는 바람에 사람들이 일자리를 잃고 마을을 떠나고 있다고, 루르도 큰일이라고 아빠가 그러셨어!"

"아니, 그게 말이 돼?"

벤이 사는 노르트라인베스트팔렌주의 루르 지역은 독일에서도 석탄 공업이 발달한 곳이에요. 벤의 아빠도, 동네 친구들의 아빠도 대부분 탄광에서 일하고 있어요. 토마스 아빠도 탄광에서 일했고요. 그러다 작년에 탄광 일을 그만두고 상점을 열겠다며 도시로 이사를 갔던 거고요.

"야, 넌 기후 위기도 안 배웠냐? 석탄 에너지를 쓰면서 지구가 점점 뜨거워지고 있다잖아! 그러니까 이제 탄광은 없어져야 해!"

토마스의 말에 벤은 저도 모르게 고함을 쳤어요.

"토마스! 비좁고 갑갑한 막장에서 탄가루 마셔 가며 석탄 캐느라 고생한 사람들을 갑자기 기후 위기의 범인으로 몰면 안 되잖아!"

"나라에서 온실가스를 줄이기 위해서라는데 당연한 거 아냐!"

"알아, 나도 안다고! 더 이상 온실가스를 내뿜어서는 안 된다는 것 정도는 학교에서 배워서 알아. 하지만 모든 사람이 이제껏 석탄 에너지를 쓰면서 살아왔어. 우리 아빠같이 탄광에서 일하던 사람들 덕분에 말이야! 그런데 갑자기 이 사람들이 뭔가 잘못해 온 것처럼 말하는 건 잘못이라고!"

벤은 아빠와 형이 광산에서 돌아오는 시간에 맞춰 저녁 식사를 준비했어요. 아빠, 형과 함께 셋이 살게 되면서부터 벤은 식사 당번이에요.

벤은 소시지를 구우면서도 머릿속으로는 토마스가 한 말을 자꾸 곱씹었어요.

학교에서도 기후 위기에 대해 배웠어요. 탄소 배출을 줄이는 게 우리나라뿐 아니라 세계 여러 나라들이 해결해야 할 커다란 숙제라고요. 탄소를 배출하는 화석 에너지에서 벗어나, 햇빛이나 바람 같은 재생 에너지를 사용하겠다는 것이지요. 그런데 그 과정에서 아빠 같은 사람들이 직업을 잃고 마을을 떠나야 하는 일방적인 피해자가 될 순 없다고요.

집에 돌아온 아빠와 형은 침울한 표정으로 식탁에 앉았어요.

급한 마음에 벤은 아빠가 포크를 들기도 전에 물었어요.

"아빠, 낮에 토마스를 만났어요. 그런데 토마스네 아빠가 탄광이 문을 닫는다고 그랬대요. 사실이에요?"

벤은 사실이 아니라고 말해 주길 바라며 아빠의 입만 바라보았어요. 그런데 아빠도 형도 한숨을 내쉬며 잠자코 빵만 뜯고 있었어요. 토마스의 말이 사실이었던 거예요.

"형! 탄광에 100명이 넘는 광부들이 있어. 우리 반 리암네 아빠도, 안나네 아빠도, 다니엘네 삼촌도 다 광부야. 그런데 갑자기 탄광이 없어지면 이곳에서 일하던 사람들은 다 어떻게 해?"

형도 답답한 표정으로 말했어요.

"우리 같은 광부들만 문제겠어! 마을에 있는 가게며 식당이며 이발소며… 다 문을 닫고 떠나야 하겠지."

벤은 아빠와 형을 보며 말했어요.

"아빠! 형! 그동안 나라에서는 산업화에 기여하고 있다고 광부를 치켜세웠잖아. 그러다가 이제 석탄이 모든 문제의 원인인 것처럼 말하는 건 안 되는 거잖아!"

아빠가 말했어요.

"하루아침에 탄광을 폐쇄하면서 아무런 대책을 세워 주지 않는다면 잘못이지. 우리도 잠자코 있지만은 않을 거다!"

다음 날, 공터에 나가 벤은 하릴없이 뻥뻥 공을 찼어요.

친구들이 졸라서 함께 축구를 하긴 했지만 좀처럼 흥이 나지 않았어요.

저 멀리서 토마스가 다가왔어요.

벤은 짐짓 못 본 척했어요.

'흥! 이번에는 또 무슨 소리를 하려고!'

토마스는 머리를 긁적였어요.

"벤, 어젠 미안했어."

토마스가 쭈뼛거리며 벤에게 사과를 했어요. 벤은 아무 말도 하지 않았어요.

"내가 말이 심했어."

토마스가 진심으로 미안한 표정을 지으며 말을 이었어요.

"학교에서 선생님이 그러시더라. 기후 위기로 산업이 바뀌고 있고, 그 과정에서 누군가는 피해를 보게 되어 있대. 탄소를 많이 배출하는 산업에서 일하던 사람들이지. 난 우리 아빠가 더 이상 이곳에서 일하지 않는 것이 다행이라고만 생각했어."

"우리 아빠와 형도 새로운 일자리를 구할 수 있을 거야."

벤이 힘을 주어 말했어요.

"응, 노동자들이 모여 일자리를 보장해 달라고 나라에 이야기해야 한대. 그게 노동자의 권리라고 선생님이 그러셨어."

"노동자의 권리?"

"그래. 그리고 그건 우리 모두의 일이라고 하셨어. 그동안 너희 아빠나 우리 아빠가 만든 에너지를 모든 사람이 썼으니까 말이야."

벤은 고개를 끄덕였어요.

"벤, 난 오늘 집으로 돌아가. 아저씨와 형이 꼭 새로운 일자리를 구할 수 있기를 바랄게."

토마스는 벤의 손을 잡았어요. 굳어 있던 벤의 마음이 조금씩 풀어졌어요. 답답한 마음이 조금이나마 풀린 것도 같았어요.

벤은 오늘도 막장에서 검은 석탄 가루를 뒤집어쓰고 고생한 아빠와 형을 위해 저녁 식사를 준비했어요. 호밀 빵을 준비하고 소시지를 구웠지요.

아빠와 형은 저녁을 준비하는 벤의 머리를 쓰다듬었어요.

"벤, 걱정 많이 했지?"

형이 말했어요.

"노동자 대표와 주 정부 그리고 환경 단체가 모여 이야기하기로 했

어. 우리 노동자들의 입장을 충분히 듣고 대책을 마련하겠대. 우린 다시 새로운 일자리를 찾을 수 있을 거야. 꼭 그렇게 되도록 할 거야. 그러니 너도 걱정하지 마! 알았지?"

 벤은 안도의 숨을 내쉬었어요. 분명 지구도 살리고 아빠도 형도 살리는 방법을 어른들은 만들어 내겠죠?

 탄광 마을의 하루가 저물어 가고 있었어요.

노동자에게 닥친 기후 위기와 불평등

• 삶의 터전을 폐쇄하는 광부들

기후 위기는 노동자의 위기

기후 위기 시대에 온실가스를 줄이는 일은 미룰 수 없는 시급한 일이에요. 많은 나라는 지구 평균 기온 상승 폭을 1.5도 이내로 제한하기 위해 화석 연료에 바탕을 둔 산업을 재생 에너지 중심으로 빠르게 바꾸고 있어요. 우리나라도 '탄소 중립 기본법'을 발표해 앞으로 탄소 중립 사회로 나아가겠다고 했어요. 탄소 중립이란 탄소 배출량을 줄이고 이미 배출한 탄소를 흡수해 실질적인 탄소 배출량을 0으로 만드는 거예요.

온실가스를 줄이기 위해서는 우리의 산업과 삶의 방식을 바꿔야 해요. 이것은 단순히 석탄 에너지를 청정 에너지로 바꾸는 문제가 아니라, 많은 노동자의 일자리와 사람들의 생활에 영향을 미치는 일이에요. 이러한 변화 과정에서 누군가는 피해를 보게 될 거예요. 탄소를 많이 배출하는 산업, 대표적으로 석탄 화력 발전소나 내연 기관 자동차 산업에서 일하던 사람들이죠. 기후 위기를 넘어서기 위한 과정에서 누군가는 생계를 걱정해야 하는 불평등이 생겨난 거예요.

강원도의 태백, 정선, 사북 등의 지역은 일제 강점기 때 개발되어 탄광 산업 단지가 형성된 곳이에요. 그러다 1980년대부터 도시가스가 보급되면서 많은 탄광을 정리하기 시작했어요. 탄광은 속속 폐쇄되었고, 광부들의 일자리는 순식간에 사라져 버렸어요.

기후 위기는 지역 공동체의 위기

• 독일의 화력 발전소

당진, 보령, 태안 등 충청남도에는 석탄 화력 발전소가 많아요. 이 지역의 석탄 화력 발전소가 폐쇄되면 이곳에서 일하는 사람들은 일자리를 잃게 되고, 지역 상점들도 문을 닫게 되어 세수(세금으로 인한 수입)가 주는 등 지역 경제는 큰 타격을 받을 거예요.

2034년까지 석탄 화력 발전소를 폐쇄한다면 7만 명 넘는 노동자들이 직업을 잃는다는 연구도 있어요. 결국 석탄 화력 발전소가 있던 지역의 일자리는 사라지고 그 산업이 몰려 있던 도시는 점점 쇠퇴할 수밖에 없어요.

내연 기관 자동차 부품 기업이 밀집해 있는 울산도 위기를 맞을 가능성이 커졌어요. 2035년부터 내연 기관 자동차 판매를 금지한 유럽 연합처럼 우리나라도 내연 기관 자동차가 줄어들고 전기차로 점차 바뀔 예정이에요. 이러한 산업에 의존하던 지역은 경제에 심각한 타격을 받게 되고, 이것은 지역 공동체의 삶과 질에도 영향을 미치게 되지요.

기후 위기와 불평등

기후 위기는 더 많은 돈을 벌고 더 성장하기 위해 물건을 계속 만들고 소비해 온 탓이에요. 그동안 우리는 환경을 오염시키면서 편리함과 풍요를 추구했어요. 또 이윤(돈)을 최고의 가치로 삼으며 누군가를 희생시켜 불평등을 키워 왔고요.

기후 위기를 해결하기 위해서는 우리 삶의 태도를 크게 바꾸어야 해요. 전기를 덜 쓰고, 플라스틱을 줄이고, 고기를 덜 먹고, 옷을 덜 사는 그런 삶의 태도 말이에요. 더 이상 환경을 오염시키고 사회적 약자들을 희생시키는 성장은 하면 안 돼요.

기후 위기와 불평등은 함께 해결해야 할 문제예요. 편리하고 익숙한 삶의 방식을 바꾸고 사회적 약자들의 피해를 최소화하는 것, 그것이 병든 지구를 구하는 동시에 우리를 구하는 길이에요.

정의로운 전환을 위해

독일의 노르트라인베스트팔렌주의 루르 지역은 석탄 화력 발전소가 문을 닫고 있는 대표적인 지역이에요. 탄광이 폐쇄되면서 그곳에서 일하는 노동자들이 일자리를 잃게 되었지요.

노동자들이 다 해고되었나요?

아니에요. 주 정부, 노동자 대표, 시민 단체 등이 모여 수개월 동안 회의를 했어요. 그리고 수만 명의 노동자에게 다시 일자리를 구할 수 있도록 교육도 해 주고 새로운 일자리도 약속했어요.

다행이네요. 그런데 탄광이 없어지면 지역 사회에도 피해가 갈 텐데, 지역에는 어떤 지원이 있었나요?

정부와 기업은 투자를 받아, 광산 단지를 수많은 관광객이 몰려올 만큼 멋진 관광지로 재탄생시켰어요. 수많은 일자리가 만들어지면서 루르 지역은 마지막 탄광을 폐쇄할 때까지 인구는 거의 줄지 않았어요. 이것이 '정의로운 전환'이에요.

 정의로운 전환이요?

 네, 온실가스를 줄이는 과정에서 어쩔 수 없이 피해를 봐야 하는 산업의 노동자가 있어요. 대표적으로 석탄 화력 발전소가 그렇지요. 그 부담을 사회가 함께 나누는 것이에요.

 아, 탄소를 많이 배출하는 산업을 줄이는 일은 우리 모두의 지속 가능한 삶을 위한 것이니까요, 그렇죠?

 맞아요. 그래서 미국, 영국, 캐나다 등의 나라에서는 노동자에게 새로운 일자리를 찾을 수 있도록 교육을 하고, 생계 지원금과 사회 보험 등을 제공하는 정책을 만들고 있어요.

 오랜 기간 몸담고 있던 산업을 떠나 낯선 일을 시작하는 건 쉬운 일이 아닐 거예요.

 그럼요. 특히 단시간 노동자나 계약직, 여성 노동자, 이주 노동자들은 이 과정에서 소외될 수 있어요. 그래서 정부와 기업은 노동자와 충분한 대화를 해야 하지요.

**기후 변화가
불평등을 만든다고?**

1판 1쇄 발행 2024년 4월 25일
1판 2쇄 발행 2025년 1월 20일

글 오은숙
그림 문대웅
발행인 손기주

편집팀장 권유선
편집 보리쌀
디자인 썬더키즈 디자인팀
인쇄 길훈 씨앤피 **세무** 세무법인 세강

펴낸곳 썬더버드
등록 2014년 9월 26일 제 2014-000010호
주소 경기도 의왕시 정우길47. 2층
전화 02 6368 2807 **팩스** 02 6442 2807

ISBN 979-11-93947-00-5 (73330)

값은 뒤표지에 있습니다. 잘못된 책은 구입하신 곳에서 바꾸어 드립니다.
썬더키즈는 썬더버드의 아동서 출판브랜드입니다.

어린이제품 안전특별법에 의한 제품 표시사항
제조자명: 썬더버드 | 제조국명: 대한민국
제조년월: 2024년 4월 25일 | 사용연령: 10세 이상